Sabine Rennefanz war fünfzehn, als sie in Maxie Wanders »Guten Morgen, du Schöne« von den Kämpfen las, die berufstätige Frauen am Arbeitsplatz, zu Hause und mit sich selbst auszufechten hatten. Als sie selber Mutter wurde, war sie erstaunt, wie wenig sich bewegt hatte. Die Frauen kämpfen noch immer an den gleichen Fronten, es sind sogar noch neue hinzugekommen: die Sehnsucht nach Perfektion und immerwährendem Glück. In ihren Kolumnen untersucht Sabine Rennefanz mit Witz und Schärfe die Freuden, Zumutungen und Kämpfe moderner Mütter. Sie sucht Antworten auf große Fragen: Warum werden Männer und Frauen ungleich behandelt? Warum fordern Frauen nicht mehr? Wie soll sich jemals etwas ändern? »Ich sitze am Schreibtisch und schaue auf meine Tochter, die noch nicht ahnt, was es bedeutet, eine Frau zu sein. Es wäre schön, wenn sie und ihr Bruder es irgendwann einmal unvorstellbar finden, dass es solche Zeiten der Ungleichheit gegeben hat.«

SABINE RENNEFANZ, 1974 in Beeskow geboren, arbeitet als Redakteurin für die *Berliner Zeitung* und wurde für ihre Arbeit u.a. mit dem Theodor-Wolff-Preis und dem Deutschen Reporterpreis ausgezeichnet. Ihr erstes Buch, »Eisenkinder. Die stille Wut der Wendegeneration«, stand mehrere Wochen auf der *SPIEGEL*-Bestsellerliste. 2015 erschien ihr zweites Buch »Die Mutter meiner Mutter«.

SABINE RENNEFANZ

Mutter to go

Zwischen Baby und Beruf

btb

Die Kolumnen auf den Seiten 61 bis 286 sind erstmals
zwischen Januar 2017 und September 2018 in der
Berliner Zeitung erschienen.

MIX
Papier aus verantwor-
tungsvollen Quellen
FSC® C014496

Verlagsgruppe Random House FSC® N001967

1. Auflage
Originalausgabe Februar 2019
Copyright © 2019 by Sabine Rennefanz
Copyright © 2019 bei btb Verlag
in der Verlagsgruppe Random House GmbH,
Neumarkter Straße 28, 81673 München
Covergestaltung: semper smile, München
Covermotiv: © plainpicture/Stock4B/Stephanie Wolfsteiner
Satz: Uhl + Massopust, Aalen
Druck und Einband: GGP Media GmbH, Pößneck
SK · Herstellung: sc
Printed in Germany
ISBN 978-3-442-71772-9

www.btb-verlag.de
www.facebook.com/btbverlag

Für Spiderman und Cornflake Girl

Mutterland
Ein Essay · 11

III
Wähler sein.
Was sich ändern muss · 155

IV
Familie sein.
Aus dem Leben mit Kindern · 209

Gestohlene Zeit
Ein Nachwort · 283

Mutterland

Lange dachte ich, Menstruation ist etwas, was ich nicht bekommen werde. Zwanzig Mädchen waren in der Klasse der »Schule des Friedens«, nacheinander hatte es sie getroffen, sie bluteten jeden Monat. Nur ich nicht, obwohl ich schon sechzehn war. Meine beste Freundin Peggy Schröder war die Erste gewesen, bei ihr hatte es schon mit elf angefangen. Dünne Ströme roter Flüssigkeit liefen im Turnhallenumkleideraum der »Schule des Friedens« an ihren Oberschenkeln hinunter. Als ich das sah, schrie ich vor Schreck, »Hilfe, du blutest, Peggy«. Ich dachte, sie hätte sich verletzt. Sie lächelte stolz und wissend, als handelte es sich um ein besonderes Zeichen, als wäre sie eine Auserwählte. »Ja, schon lange, seit zwei Monaten«, erwiderte sie. Ich starrte auf ihre Beine, ich konnte den Blick nicht von ihr abwenden. Das Blut, das an ihren Beinen hinunterlief, und sie machte sich nicht einmal die Mühe, es abzuwischen. Sie bekam einen Busen und stand morgens in der Pause mit einem Typen aus der elften Klasse herum. Mit 12 trug sie einen BH, mit 13 nahm sie die Pille. Sie sagte, dass sie heiraten und Kinder haben wollte. Das machte sie dann auch. Mit 19 heiratete sie den Jungen, mit dem sie seit der elften Klasse in der Pause herumgestanden hatte, und bekam zwei Söhne. Aber da waren wir längst keine besten Freundinnen mehr.

Ich war damals nicht neidisch, als Peggy Schröder das Blut an den Beinen hinunterlief, ich war erleichtert, dass es mich nicht getroffen hatte. Ich sah das Blut an den Schenkeln herunterlaufen, aber ich kam nicht auf den Gedanken, dass ich meinem eigenen Schicksal zusehen könnte. Ich hatte erst ein paar Monate vorher erfahren, dass Frauen bluten. Und dass es dafür einen Namen gab: Menstruation. Das klang fremd, kompliziert, technisch. Auf dem Dachboden meiner Eltern hatte ich alte Ausgaben des Magazins *Neues Leben* durchgestöbert. Ich erinnere mich an die Grafiken von männlichen und weiblichen Geschlechtsorganen. Es war mir peinlich, das anzugucken, aber wegpacken konnte ich die Hefte auch nicht. Ich las im Dunkeln, unter einem Dachbalken saß ich auf dem staubigen Boden. Ich wäre lieber jemand gewesen, der keine Geschlechtsorgane hat.

Jahre später fragte ich meine Mutter, warum sie mich nicht aufgeklärt hatte. Meine Mutter meinte lakonisch: »Ich dachte, das findest du schon früh genug heraus.«

Ich tat so, als handelte es sich bei der Menstruation um eine Krankheit. Manche würden sie bekommen, andere nicht. Ich hoffte, es würde an mir vorbeigehen, als könnte ich das monatliche Blut deaktivieren, vielleicht sogar abwählen. Das Blut und alles, was damit zusammenhing: Schwangerschaft, Mutterschaft, Frausein. Ich war nach Werten erzogen worden, die man traditionell als männlich bezeichnet: Ehrgeiz, Fleiß, Erfolg, Disziplin. Frausein bedeutete Abhängigkeit, Schwäche, Verletzlichkeit. Frauen sollten gütig, passiv, fürsorglich und ein bisschen naiv sein. Männer waren hart, konsequent, klug, durchsetzungsstark.

Beinahe alle Frauen, die ich in meiner Kindheit kannte,

hatten nie außerhalb des Haushaltes gearbeitet. Die alten Damen, die ich Tante nannte, obwohl wir nicht verwandt waren, hießen Luise, Martha, Elli und Ilse. Sie verbrachten ihre Tage in der Küche, in der sie schwere Schüsseln voller Wäsche, Geschirr oder Kuchenteig herumtrugen. Ihre Arbeit: Kochen, Kuchen backen, abwaschen, putzen, bügeln, alles per Hand, alles zeitraubend. Sie ruhten sich am Kachelofen oder auf der Bank vor dem Haus aus, je nach Jahreszeit. Meine Großmutter wollte einmal Lehrerin werden, verließ wegen des Krieges die Schule aber nach der sechsten Klasse. Sie konnte einem Huhn den Kopf abhacken, eine feste Arbeitsstelle hatte sie nie. Meine Mutter arbeitete wenige Stunden bei der Post, als das zweite Kind kam, hörte sie auf zu arbeiten und wurde Hausfrau. Mein Vater verdiente das Geld, sie blieb zu Hause. Sie kümmerte sich um den Haushalt, sie sorgte dafür, dass wir regelmäßig aßen und saubere, adrette Kleidung trugen. Es war eine Arbeit, der sie selbst offensichtlich nicht viel Wert beimaß. Wenn sie sich nicht mit der Planung der unmittelbaren Zukunft beschäftigte, las sie mir vor, sang mir ein Lied und gab mir Ratschläge für mein Leben. »Streng dich an, lerne, bleibe unabhängig«, schärfte sie mir ein. Sie schickte mich nicht in den Kindergarten, weil sie dem Erziehungssystem misstraute. Eine gute Mutter war für sie eine Frau, die sich in den ersten Jahren ausschließlich dem Haushalt und den Kindern widmete, eigene Interessen zurückstellte, sich aufopferte.

Es gab nur eine Frau, die anders war. Meine Tante. Sie las viel, sie konnte stundenlang auf ihrem Sessel in einem Buch versinken, war nicht ansprechbar, wenn sie las.

Sie arbeitete als Buchhändlerin in der Kreisstadt, Bücher waren Luxusgegenstände, die man gegen andere Luxusgegenstände tauschen konnte. Sie konnte sich Kleider, Schallplatten, Schuhe leisten. Nach 1990 kaufte in der Kreisstadt kaum jemand mehr Bücher, sie verlor ihre Arbeit und versank in eine düstere Trauer. Die eine Frau, die in meiner Familie Spaß an ihrem Beruf hatte, brachte der Verlust der Arbeit fast um. Kinder bekam meine Tante keine.

Als ich in die Schule kam, war ich das einzige Kind, dessen Mutter Hausfrau war. Die Mütter meiner Mitschülerinnen hatten Berufe, die der Gesellschaft nützten: Sie waren Facharbeiterin für Viehzucht, Traktoristin, Sekretärin, Verkäuferin. Es war mir peinlich, wenn wir im Russischaufsatz über die Berufe der Eltern schreiben sollten. Das Einzige, was ich schreiben konnte, war: »Mama domoi«. Mama ist zu Hause. Hausfrau klang damals falsch, dekadent, asozial. Ich hätte als Kind lieber eine Mutter gehabt, die morgens früh zu Arbeit ging, wie in dem Lied, das wir in der Schule sangen. Solange ich denken konnte, war meine Mutter finanziell abhängig von meinem Vater.

Bei mir hat das dazu geführt, dass ich später alles anders machen wollte. Ich wollte einen Beruf, ein eigenes Einkommen, Unabhängigkeit, Freiheit. Ich wollte lieber keine Frau sein.

Mit 15 hörte ich auf, Kleider zu tragen, selbst bei der größten Hitze zog ich weite Sweatshirts und Jeans an. In der Zeit, als Peggy Schröder immer femininer wurde, wurde ich zu einem Neutrum. Frisuren, Make-up, Jungs-Poster, das hatte keine Bedeutung für mich. »Ich war ein Junge in einem Mädchenkörper, nicht im Transgender-Sinne, sondern im Denken, im Handeln«, schreibt die Britin Caitlin Moran in ihrem Buch »How to be a woman«. Alles, was Mädchen im Teenageralter machten, sich Poster von bekannten Popbands an die Wand hängen, schminken, Haare machen, schien mir oberflächlich, ein bisschen schlicht. Als ich doch meine Periode bekam, war es ganz unspektakulär. Es sah nicht schön aus, es tat nicht weh, es liefen keine Bäche an meinen Oberschenkeln entlang. In meinem Schlüpfer war ein rotbrauner Fleck, als ob in meinem Bauch ein Traktor rostete. Ich ging zu meiner Mutter, sie holte Binden von der Größe eines Dachziegels aus der hinteren Ecke ihres Schlafzimmerschranks. Warum tut es nicht weh, wollte ich wissen. »Sei froh«, sagte sie. Als sie in meinem Alter war, sagte sie, habe sie so schlimme Krämpfe gehabt, dass sie nicht zur Schule gehen konnte. Sie musste den ganzen Tag im Bett in einem dunklen Zimmer liegen. Ich hörte zu und sagte nichts. Wahrscheinlich hatte ich Glück.

Drei Monate danach passierte nichts. Keine Flecken. Keine Krämpfe. Ich dachte schon, das war's, ich bin durch, ich hatte es geschafft, ich war dem Bluten entkommen. Ich gehörte zu den Frauen, die einfach keine Menstruation bekommen. Kinder wollte ich sowieso nicht. Und überhaupt: Hatte Kati Witt eine Periode? Lief das Blut, während sie »Carmen« auf dem Eis tanzte? Wie kriegte sie das hin? Oder lief sie besonders gut, wenn sie Bauchkrämpfe hatte?

Als ich 25 Jahre später selber Mutter wurde, hatte ich keine Ahnung, was auf mich zukommen würde. »In die Mutterrolle hineinzufinden kann ein ähnlich fordernder Prozess sein wie der Geburtsprozess selber«, schreibt der amerikanische Psychiater Daniel Stern. »Es ist die größte

Transformation, die eine Frau in ihrem Leben erleben kann.« Für mich, das kann ich inzwischen sagen, ist es meine zweite Wende, vielleicht ähnlich erschütternd und revolutionär wie der Mauerfall 1989. Eine Transformation, banal, brutal und einzigartig zugleich. Vieles, was fest war, wurde auf den Kopf gestellt, was man von anderen wusste, vom Partner, den Freunden, den Eltern, von sich selbst. Das, was man als eigene Grenze definiert hat, verschob sich. Seitdem das Kind da war, dachte ich anders, über das Leben, die Erde, die Liebe, das Frausein.

Nachdem die Mauer gefallen war, hatte ich mich dauernd bewegt. Der Reiz des Lebens bestand darin, Neues zu entdecken. Ich war auf der Suche, süchtig nach Reizen von außen, nach Herausforderungen, neuen Wegen, Alternativen. Eine neue Stadt. Eine neue Arbeit. Ein Preis, den ich gewinnen könnte. Ich habe mit Popstars in Mailand getanzt und mit Männern in Bars in Barcelona über Fußball geredet, ich bin auf mexikanische Pyramiden geklettert und in südafrikanische Höhlen gekrochen. Ich konnte nicht stillhalten. Ich habe gedacht, ich habe viel erlebt, viel gesehen, und habe das mit Lebenserfahrung verwechselt. Als ich Mutter wurde, merkte ich, dass nichts davon stimmte, dass ich nichts wusste. Ich hatte keine Ahnung vom Leben.

Als ich das erste Mal einen Kinderwagen schob mit meinem Baby drin, kam ich mir komisch vor, fremd, falsch, als ob jemand gleich kommen würde und mich entlarven, als das, was ich war, ein Imposter, eine Hochstaplerin, ein Fake. Geben Sie sofort diesen Kinderwagen her, den Sie gestohlen haben! Wie konnte jemand wie ich eine Mutter sein?

Jemand hat einmal geschrieben, dass man sich als neue Mutter so fühlt wie ein alternder Rockstar, eben hatte man noch ein interessantes Leben, jetzt wird man freundlich ignoriert. Wie war die Geburt, wird vielleicht noch gefragt, aber die Antwort will schon keiner mehr hören. Alles dreht sich um das perfekte, schöne Baby. Wie heißt es? Woher kommt der Name? Wie viel trinkt es? Schläft es schon durch? Wem sieht es ähnlich? Warum trägt es Rosa? Warum nicht Hellblau? Habt ihr einen Kinderwagen oder ein Tragetuch? Familienbett, Beistellbett oder eigenes Bettchen im Kinderzimmer? Ich hielt das schöne, perfekte Baby im Arm, und alle bewunderten es. Wie das Leben mit einem Neugeborenen wirklich ist, darüber spricht kaum jemand. Das will auch niemand so genau wissen.

Als Mutter steht man da, pure Funktionalität, das Blut läuft noch, schon wieder das verdammte Blut.

Früher wurde man gefragt, nach seinen Projekten, nach seinen Plänen, jetzt fühlt man sich leicht perplex und erschlagen von den vielen Gefühlen, von denen man gar nicht wusste, dass man sie in dieser Intensität fühlen konnte, dass man dazu fähig war, Liebe, Erschöpfung, Hilflosigkeit, Müdigkeit. »Genieße es«, sagten erfahrene Mütter zu mir in den ersten Wochen nach der Geburt meines Sohnes.

Als das Baby geboren war, hielt ich es nicht aus, von ihm getrennt zu sein. Ich schlief drei Tage nicht, obwohl ich sehr müde war. Ich war vollgepumpt mit Adrenalin. Selbst wenn ich schlief, wachte ich alle halbe Stunde auf, schreckte hoch und rannte hin, um zu gucken, ob das Baby noch atmete. Ich legte es neben mich in mein Bett. Ich hatte Angst, es könnte verschwinden, wenn ich mich zu weit weg bewegte. Es war eine körperlich spürbare Angst, ein Druck im Bauch, als ob ein Stück fehlte, und so war es ja auch. Das Kind war vierzig Wochen in meinem Körper gewesen. Ich hatte das Gefühl, dass etwas fehlte, noch Wochen später, wenn ich auf einer Party stand und meinen Sohn vermisste.

Bevor ich Sebastian traf, bin ich mit sechs anderen Männern ausgegangen, einem arbeitslosen Schlosser, dem Sohn eines Fabrikbesitzers, dem Sohn eines Filmstars, dem Sohn eines Lords, einem DJ und einem Politiker. Einer davon war ein Ostdeutscher, zwei Westdeutsche, drei Ausländer. Keiner wollte Kinder.

Das war kein Problem gewesen, bis ich schließlich eines wollte. Das Gefühl kam langsam. Es war erst eine Sehnsucht nach etwas Dauerhaftem, das nicht den Launen, Befindlichkeiten und Zufälligkeiten unterworfen war, mit denen ich in meinen Zwanzigern zu tun hatte, eine Sehnsucht nach einer Verbundenheit, die unauflösbar war, nach etwas, das nur zu mir gehörte. Eine Sehnsucht nach einer anderen Art von Liebe.

Es war zunächst ein abstraktes Gefühl, die praktischen Aspekte des Lebens mit einem Baby waren mir völlig fremd. Als Kind musste ich oft auf meine jüngeren Geschwister aufpassen, aber später hatte ich keinen alltäglichen Umgang mit Säuglingen und Kleinkindern. Ich lebte im Ausland, meinen kleinen Neffen sah ich zweimal im Jahr. Wann immer ich ihn sah, schlief er. Und wenn er aufwachte, dann nur, um Nahrung zu sich zu nehmen, eine Flasche Milch, eine Schale Brei. Ich tat so, als wüsste ich, wie man mit Kindern umgeht, ich schob ihm ein Auto hin, ich baute ihm einen Turm aus

Bauklötzen, er guckte skeptisch. Ich hielt ihm einen Löffel mit Brei hin, er schrie. Ich war offenbar kein Naturtalent. Als ich ihn das nächste Mal sah, fuhr er schon Dreirad.

Die britische Journalistin Emma Brockes beschreibt in ihrem Buch »An excellent choice« ihre Vorstellungen, wie das Leben mit einem Kind sein würde: »Ich stellte mir ein Baby vor, das ich in meine Tasche stecken und dann auf Dienstreisen mitnehmen könnte, nach Los Angeles oder London. Ich würde ins Restaurant gehen und das Baby würde friedlich neben mir in seinem Sitz schlafen. Es würde schwarze Haare haben wie ich. Würde es ein Junge werden, würde ich mit ihm am Sonntagnachmittag alte Musicals ansehen. Wird es ein Mädchen, würde sie ein Bücherwurm werden wie ich. Sie würde aussehen wie Amélie in dem französischen Film, mit einem dicken Pony und schwarzen Haaren.« Ich war offenbar nicht die Einzige, die eine seltsame Vorstellung vom Kinderhaben hatte.

Als ich Sebastian in London kennenlernte, sagte ich ihm beim dritten Treffen, dass ich Kinder wollte. Wenn er andere Pläne hätte, fügte ich hinzu, dann bräuchten wir es gar nicht erst miteinander zu versuchen. Ich hatte mir die Worte vorher zurechtgelegt. Ich hatte den Song von Nancy Sinatra »Don't let him waste your time« zehnmal hintereinander gehört, um mir Mut zu machen. Wir saßen in einem Tapas-Laden in Südlondon, der Kellner kam mit den Patatas bravas. Ich erwartete, dass Sebastian aufstand und sich verabschiedete. Doch er blieb sitzen. Wir zogen zusammen, heirateten. Wir wünschten uns ein Kind, aber nicht so sehr, dass wir uns besonders bemüht hätten. Es gab Zeiten, da redeten wir über nichts anderes als über dieses eine

Thema. Oder zumindest fühlte es sich so an. Wir saßen zusammen auf dem Sofa im Wohnzimmer und diskutierten. Ich wollte ein Kind, konnte mir aber überhaupt nicht vorstellen, wie es sein würde, Mutter zu sein. Ich kam aus einer schwierigen Familie, wie sollte jemand wie ich es schaffen, einen Menschen großzuziehen, der mit dem Leben zurechtkam? Ich redete. Sebastian hörte zu. Er sagte, dass ich mir nicht so viele Gedanken machen sollte. Er sagte, dass wir es schon schaffen würden. Erst mal schwanger werden, und dann sehen wir weiter. »We will cross the bridge, when we come to it«, sagte er.

Eines Tages im Februar machte ich einen Schwangerschaftstest. Als ich ihm das Ergebnis zeigte, war ich so aufgeregt, wie ich das letzte Mal aufgeregt war, als mir mein damaliger Chef bei der Zeitung sagte, dass ich als Korrespondentin nach London gehen könnte. Ich wollte. Der Test war positiv. Ich machte ein Foto von dem Teststreifen, als Beweis.

Es gibt zwei Erzählungen über die vierzig Wochen Schwangerschaft. Die eine lautet, dass ich in den vierzig Wochen viel Angst hatte. Angst davor, dass etwas mit dem Kind nicht stimmen könnte. Weil ich über 35 war, galt ich als Risikoschwangere und wurde von einer Voruntersuchung zur nächsten geschickt. Dabei geht es darum, Krankheiten schon im Mutterleib herauszufinden. Das kann helfen, aber auch enorm verunsichern. Außerdem wird man, wenn man schwanger ist, zu einer Art öffentlichem Gut, man wird kontrolliert, überwacht und mit Empfehlungen überschüttet. Selbst Fremde hatten plötzlich eine Meinung, was

ich essen und trinken sollte. Dass man keinen Alkohol an-
rührte und nicht rauchte, war in meinem Umfeld selbstverständlich. Ich sollte auch keinen Kaffee mehr trinken, keine
Salami mehr essen, keinen rohen Fisch, keine Nasentropfen mehr benutzen – all das könnte schlecht fürs Baby sein.

Nach der ersten Freude versank ich in einem Nebel aus
Angst, Verunsicherung und lähmender Müdigkeit. Ich absolvierte eine Vorsorgeuntersuchung nach der anderen, dazwischen lag ich auf dem Sofa und schlief. Ich war immer
müde, es war eine Müdigkeit, die wehtat, die bis in die
Haarspitzen drang. Ich hatte keine Ahnung, warum die
erste Zeit so anstrengend war, das Baby war doch noch
so klein, kleiner als eine Walnuss. Wäre Kafka eine Frau,
schreibt die irische Schriftstellerin Anne Enright, dann hätte
sich Gregor Samsa nicht in ein Insekt verwandelt, das wäre
nicht nötig gewesen. »Aus Gregor wäre Gretel geworden,
und eines Tages wäre Gretel aufgewacht und schwanger gewesen. Und wenn sie versucht hätte, sich zu bewegen, sich
auf die Seite zu drehen und aufzustehen, hätte sie festgestellt, dass sie nicht vom Fleck kommt. Sie hätte auf dem
Rücken gelegen, und ihre kleinen Hände würden hilflos in
der Luft herumwedeln.«

Ich ging zur Ärztin, sie schaute besorgt, als trüge ich eine
gefährliche Fracht in mir. Wir redeten über Risikoschwan-
gerschaften und darüber, ob postnatale Depressionen auch
schon vor der Geburt auftauchen könnten.

Bei der Ärztin sollte ich es mir auf einer Liege bequem
machen, wie sie sagte, sie rieb ein Gel auf meinen Bauch
und zeigte dann auf einen Fernseher, auf dem etwas sehr
Seltsames flimmerte. Dort sah man etwas, was wie ein win-

ziger Teddybär aussah. Ich hatte offenbar einen winzigen Teddybären in meinem Bauch.

Die andere Version lautet, dass ich die Schwangerschaft genossen habe, dass ich mich so gut gefühlt habe wie noch nie zuvor in meinem Leben. Mein Haar wurde dick und glänzend, alle Unreinheiten in meiner Haut verschwanden. Fremde Menschen auf der Straße hielten an, um mir Komplimente über mein Aussehen zu machen. Frauen werden nie so geliebt, öffentlich geliebt, wie wenn sie ein Kind im Bauch tragen.

Ich suchte nach einer Hebamme und landete auf einer Website, die mir eine Bekannte empfohlen hatte. Die Seite war in einem dieser Orangetöne gehalten, die man »sanft« nennt. Man sah darauf ein Foto eines nackten Frauenkörpers, Brüste, Bauch, Haut. Die Frau hatte keinen Kopf und keine Beine, was man im Nachhinein als Warnung interpretieren könnte. Eine Warnung für werdende Mütter, was ihnen bevorsteht, was das Muttersein mit ihnen macht. Damals erinnerte die Seite mich an Werbung für spirituelle Messen oder esoterische Rituale. Ich bekam ein wenig Angst, so wie man sie bei einem Umzug bekommt. Wenn man zum ersten Mal durch die neue Nachbarschaft spaziert und feststellt, dass einem alles fremd ist: die Sprache, die Ästhetik, die Ideologie. Die Website hieß »Bauchraum«. Ich meldete mich zu einem Geburtsvorbereitungskurs an.

Über die Geburt zu schreiben fällt mir nicht leicht.

Ich wollte schon lange darüber schreiben, doch statt aufzuschreiben, was ich wirklich erlebt und gefühlt hatte, notierte ich, was ich hätte fühlen sollen oder was ich woanders gelesen hatte. Es fiel mir schwer, mich an meine tatsächlichen Gefühle zu erinnern und sie in Worte zu fassen und in einen Einklang mit den Ereignissen zu bringen. Es wird viel über Geburten geschrieben. Dann geht es meist um die Liebe, das Baby, seine unvorstellbare Präsenz, diesen winzigen neuen Menschen, die kleinen Händchen, die großen Augen. Es geht kaum um den Prozess, die Gewalt, das Unentrinnbare.

Direkt nach der Geburt schrieb ich einen Geburtsbericht, wie die Hebamme es mir geraten hatte. Wenn ich ihn heute lese, bin ich fast erschüttert, wie technisch und emotionslos er verfasst ist. Es wird meist berichtet über Dauer, Einnahme von Drogen, Art der Geburt. Seltsam technisch. Ohne das Drama.

Wochen nach der Geburt stand ich an der Kasse, und in meinem Kopf spielten sich die Szenen ab, die ich erlebt hatte: Ich laufe herum und halte mich an Treppengeländern oder Bäumen fest, wenn die Schmerzen kommen. Mein nackter schwerer Körper in der Badewanne. Das Zucken, das Schreien. Der Körper, der zu einem Objekt der Natur wurde. Alles Individuelle verschwand. Das Schwierige bestand darin, loszulassen und gleichzeitig nicht vom Schmerz überwältigt zu werden. Lockerheit und Stärke zu zeigen. Es war ein Vorgriff auf das, was es heißt, ein Kind großzuziehen. Aber das wusste ich damals noch nicht.

Es gibt Frauen, die mit einem sogenannten Geburtsplan in die Klinik kommen. Es wird der Eindruck vermittelt, ein Kind zu gebären sei etwas wie Whisky trinken. Je mehr man sich informiert, desto intensiver wird der Geschmack. Es gibt Kurse, Anleitungsbücher, Massagen, Hypno-Birthing. Es wird so getan, als spürte man den Schmerz nicht, wenn man sich nur genug anstrengt. Ein Prozess wie eine Yoga-Übung, eine Abfolge mehrerer Figuren, die man hintereinanderweg turnt. »Ich beneide dich: Es gibt nichts Schöneres als Geburten«, sagte meine Nachbarin, als ich hochschwanger war.

Nicht gesagt wird, dass eine Geburt einem Kampf ähnelt, der sich wie ein Todeskampf anfühlen kann. Ein Kampf zwischen Leben und Tod. »Werde ich wieder das Gefühl haben, dass ich sterben muss?«, fragte eine Schwangere in einem Geburtsvorbereitungskurs, den ich besuchte, als ich zum zweiten Mal schwanger war. Sie hatte schon ein Kind, wie alle anderen Frauen in der Gruppe. Nur in solchen Runden wird so etwas besprochen. Niemand will sonst die Details hören. Schon die Vokabeln der Ärzte und Hebammen wirken obszön, intim. Muttermund. Beckenboden. Man erwartet eine glückliche Mutter und ein rosiges Baby. Wie Kate, die Herzogin von Cornwall, die sich kürzlich nach der Geburt ihres dritten Kindes präsentierte: schlank, High Heels, perfektes Makeup. Sie wirkte wie ein Abziehbild von Weiblichkeit, bereinigt von Drama, Blut und Tod.

Ich hatte meine Mutter gefragt: Hat es sehr wehgetan?

Sie antwortete ausweichend, die Schmerzen, die vergisst du. Das stimmt, aber erst einmal muss man sie ertragen.

Noch Monate später wachte ich nachts auf, ich versuchte, mich zu erinnern.

Ich sah mich vor meinem inneren Auge. Ich ging spazieren vor der Klinik. Ein sonniger Tag im November. Blauer Himmel. Ich sah die Bäume vor mir, an denen ich mich festgeklammert habe, wenn die Wehen kamen. Das war, als ich die Schmerzen noch wegatmen konnte, wie ich es im Yoga gelernt hatte. Ein, aus, ein, aus.

Das Härteste ist das Loslassen. Vor allem nach einem Leben, in dem man gelernt hat, sich zu kontrollieren. Man hat sein Leben damit verbracht, sich anzupassen, sich die Regeln anzueignen, und auf einmal soll man eine Welt betreten, die animalisch ist, archaisch. Lass dich nicht verrückt machen, wir sind alle Säugetiere, und Säugetiere wissen, wie es funktioniert, riet eine Freundin. Auf einmal soll man auf Instinkte hören. Zum Tier werden.

Am Vorabend vor dem errechneten Termin platzte die Fruchtblase. Das war ein Schock, denn zuvor hatten mir alle Expertinnen, die viel mehr Erfahrung als ich hatten, versichert, dass das nicht passieren würde. Erste Kinder kommen nie zum Termin. Fruchtblasen platzen nur in Hollywood-Filmen. Die Hebamme, die mich seit Beginn der Schwangerschaft begleitet hatte und bei der Geburt im Krankenhaus dabei sein sollte, war sich so sicher gewesen, dass sie zu einer Fortbildung außerhalb der Stadt gefahren war. Die Ärztin hatte wenige Stunden zuvor gesagt, dass das Baby noch nicht so weit sei. Sie hatte Herztöne gemessen, den Muttermund befühlt. »Das Kind kommt auf keinen Fall heute oder morgen«, sagte sie. »Gehen Sie nach Hause, machen Sie sich mit Ihrem Mann ein schönes Wochenende.« Im Geburtsvorbereitungskurs hatte ich gelernt, dass nur fünf Prozent aller Geburten mit einem Blasensprung beginnen. »Das ist Hollywood«, hatte die Kursleiterin gesagt. Ich stand im Badezimmer und rief mir diese Sätze in Erinnerung.

Jetzt war passiert, was nicht passieren durfte. Ich wollte es nicht wahrhaben. Ich hatte ja auch so getan, als wüsste ich, wie man das macht, ein Kind bekommen, als wäre das nur eine Frage der Technik, der Konzentration, der richtigen Hebamme. Ich bin eine Frau, Kinderkriegen ist doch meine Kompetenz. Ich habe so getan, als würde ich in die Arena gehen, einmal mit dem Tuch links und rechts wedeln und dann wäre plötzlich das Baby da.

Ich war schwanger, ich hatte einen riesigen Bauch, aber dass da wirklich ein Baby kommen würde, das hatte ich verdrängt. Ich rief mir die Aussagen ins Gedächtnis, als wollte ich nicht wahrhaben, was passieren würde. Als würde das Kind verschwinden, es sich anders überlegen, nur weil die Ärztin diesen Satz gesagt hatte. Es war ein wahrscheinlich dahingesagter Satz.

Mir wurde kalt, ich zitterte. Ich hatte Angst um das Baby, Angst um mich. Niemand hatte mir das vorher gesagt, niemand hatte mich gewarnt, wie nahe ich mich dem Tod fühlen würde. Die Angst vor dem Tod des Babys. Die Angst vor dem eigenen Tod. Obwohl mein Mann neben mir stand, fühlte ich mich allein, sehr allein. Es war, als ob mir erst in diesem Moment, in dem mir das Wasser von den Beinen rann, klar wurde, was auf mich zukommen würde, obwohl ich das Baby vierzig Wochen herumgetragen hatte. Meine Beine zitterten. Meine Muskeln zitterten. Meine Füße traten auf den Boden wie ein unerfahrener Torero, der auf den Bullen wartet. Mit dem Unterschied, dass sich der Bulle in mir befand. Er wollte raus.

Wollte er raus?

Ich hatte keine Wehen.

Ich rief eine Nummer an, die mir meine Hebamme gegeben hatte. Ihre Vertretung. Es war elf Uhr, am Telefon klang sie verschlafen. Welche Farbe hat das Wasser, wollte sie wissen. Die Frage klingt beiläufig. Sie sagte nicht, warum das wichtig ist. Sie sagte, ich soll mich hinlegen. Zwei Stunden später stand sie an meinem Bett. Ich mustere die Frau auffällig, sie wirkt ruhig, fast gelangweilt. Sie holte ein Fieberthermometer heraus, einen langen Schlauch und ein graues Messgerät. Sie legte den Schlauch um meinen Bauch, schloss die graue Kiste an, die nun vor sich hin piept.

Die Herztöne Ihres Kindes sind okay, sagte sie. Aber ihr Gesicht sah ernst aus.

Sie sagte, wir sollten ins Krankenhaus und dort warten, ob die Wehen einsetzen. Die Nacht verbrachten wir im Kreißsaal, das Drama verzögerte sich. Es war eine seltsame leere Zeit, als ob der kleine Bulle noch mal umgedreht wäre und es sich anders überlegt hätte. Ich stand allein in der Manege, seltsam nutzlos. Mein Mann lag neben mir und schnarchte, ich hörte auf das Piepen des Wehenschreibers. Die Nacht war heiß, ich wälzte mich hin und her, spürte ein Ziehen im Bauch. Sind das Wehen? Ich konnte nicht richtig liegen, weil ich einen Gürtel um den Bauch hatte, der die Herztöne maß. Das große Messgerät piepte. Wenn die Pausen zwischen den Pieptönen größer wurden, wurde ich nervös, ist was mit dem Kind? Manchmal waren die Töne längere Zeit weg, dann stürzte eine Schwester in den Raum und kontrollierte den Gürtel. Ich lernte, dass ich still liegen muss, sobald ich mich ein wenig drehte, rutschte der Gürtel weg und konnte nicht mehr messen. Ich erinnere mich, dass ich mich gerne gedreht hätte, aber mich nicht drehen konnte, aus Angst, der Gürtel könnte verrutschen. Ich dachte an eine Frau aus dem Kurs, sie hatte von einer

Geburt in der Badewanne geträumt und davon, dass der Mann das Kind auffängt. Sie hatte einen Pool bei Amazon bestellt. Sie hatte ganz genaue Vorstellungen, sie wirkte kompetent, informiert. Ich stand vor einer Nebelwand. Mein Körper kriegte es nicht einmal hin, Wehen zu produzieren.

Am frühen Morgen standen eine Ärztin und mehrere Hebammen um mich herum und machten ernste Gesichter. Falls keine Wehen kommen, müssen wir einleiten, sagt die Ärztin. Sie war jung, hübsch und schlank und zog sich Handschuhe an. Ich zuckte bei dem Wort »einleiten« zusammen, wollte mir das aber nicht anmerken lassen.

»Mit Oxytocin?«, fragte ich, stolz auf mein Wissen.

»Was?«, fragt die Ärztin.

»Das ist doch das Liebeshormon.«

Die Ärztin guckte mich irritiert an, während sie mit ihrer rechten Hand in mir drin herumtastet. Von Liebe zu sprechen war offenbar an dieser Stelle falsch. Bis elf hatte sich nichts getan, ich bekam eine Pille, die die Wehen in Gang setzen sollte. Bis sie wirkte, sollte ich herumlaufen. Falls es nichts bringt, Not-Kaiserschnitt. Das Wort machte mir Angst. Während der Schwangerschaft lernte man, den Kaiserschnitt zu fürchten, eines der Horrorszenarien, die auf keinen Fall passieren durften, eine ultimative Niederlage. Anästhesie, Messer, Neonlicht. Das Versagen als Frau.

Ich verließ mit meinem Mann das bunkerartige Krankenhaus. Fast erwartete ich, dass ich draußen mit Applaus empfangen würde. Dass Publikum draußen stehen und klatschen und mich anfeuern würde. Durchhalten, durchhalten. Aber natürlich ist eine Frau mit dickem Bauch, die aus einem Krankenhaus kommt, kein besonders neuer oder origineller Anblick. Und niemand klatschte.

Ein gewöhnlicher Sonnabendvormittag. Die Leute liefen vorbei, zum Bäcker, ins Café, zum Joggen. Ich aß etwas, ich grüßte unsere Nachbarin, dann gingen die Schmerzen los. Ich hielt mich am Baum fest, als wäre das etwas Normales, die Schmerzen wurden stärker. Im Kurs hatte ich gelernt, dass die Gebärmutter ein Muskel ist, dass es sich um Muskelschmerzen handelt, doch daran dachte ich damals am Baum nicht. Der Muttermund muss sich zehn Zentimeter öffnen, damit das Baby rauskommt. All diese Sätze würden mir erst nachher wieder einfallen, wenn ich die Szenen wieder und wieder in meinem Kopf nachspielte, um zu verstehen, was eigentlich passiert war. Bis vor Kurzem wusste ich nicht, dass ich einen Muttermund hatte. Und wie um Himmels willen öffnet man ihn? Ich ging auf die Toilette, und jeder Gang schien ein Hinweis darauf, dass es sich um eine Fehlkonstruktion handelte. Dass das alles ein riesiger Irrtum war, den ich nun endlich durchschaut hatte. Wie sollte dort ein Kind durchpassen?

Es gibt Frauen, die können Schmerzen gut aushalten. Ich bin keine dieser Frauen. Ich bin jemand, der immer eine Packung Ibuprofen in der Handtasche hat. Ich hatte schon vor der Geburt der Hebamme gesagt, dass ich alle Drogen möchte, die der modernen Medizin zur Verfügung stehen. Ich hatte einen achtseitigen Bogen ausgefüllt, in dem ich zustimmte, dass man mir eine PDA legen würde. Ich hatte mich sogar bei der Hebamme nach einem Wunschkaiserschnitt erkundigt. Es ist ja oft so, dass Gott oder Ich-weiß-nicht-wer sich die Schwachstelle, die man hat, heraussucht und einen dann darauf besonders stößt. Am Ende bekam ich nichts davon, nicht einmal ein Näschen Lachgas.

Ich war eingesperrt, vier Stunden lang. Meine Arena war die Badewanne. Mein Publikum: die Hebamme und Sebastian, mein Mann. Der Stier war los, er wütete in mir. Ich weinte, ich schrie. Ein wildes Tier hatte von mir Besitz ergriffen. Ich weiß nicht, was sonst noch passierte. Es gab kein Denken mehr, nur noch Gefühle. Es ging nur noch darum, den Moment zu überstehen, nach Luft zu schnappen, bevor die nächste Wehe kam. Es war halbdunkel, ich weiß, dass die Hebamme und Sebastian mit im Raum waren, aber ich erinnere mich an kein Gesicht, keinen Satz. Ich war völlig allein. Niemand konnte mir helfen. Irgendwann wollte ich aufstehen, wegrennen. Aus der Ferne hörte ich eine Stimme. »Es gibt keinen Weg zurück. Wenn du jetzt weitermachst, bist du schneller fertig«, sagte sie.

Kein Zurück.

Doch dann stand ich auf, und plötzlich änderten sich die Schmerzen. Es war, als wäre der Stier vorher willkürlich durch den Unterkörper gewütet, auf einmal hatte er eine Richtung, ein Ziel. Ich konnte besser atmen, ich bekam Luft. Ich presste, und etwas bewegte sich. Fühl mal den Kopf, sagte die Hebamme. Den Kopf? Was für einen Kopf?

Ich war nur noch Fleisch und Blut, ich war das Tier, das sich wand und wütete. Ich hörte einen Schrei. Die Hebamme übergab Sebastian ein Bündel. »Er ist perfekt«, sagte er, und die Tränen liefen ihm über die Wange. Ich weinte nicht. Ich starrte ihn an und bekam kein Wort heraus. Ich war wie unter Schock. Ich konnte mich kaum bewegen, ich fühlte nichts, nur Erleichterung, dass es vorbei war. Die

Hebamme spülte mir das Blut ab und nahm meinen Arm, um mich zu einer Liege zu begleiten. Ich durfte mich nun offenbar hinlegen.

So viel hatte sich gebessert, seitdem meine Mutter ihr erstes Kind bekommen hatte. Damals nahmen die Krankenschwestern ihr das Baby, also mich, sofort weg und brachten es in einen anderen Raum. Es war mitten in der Nacht, Schichtwechsel, erzählte sie später, sie wurde liegen gelassen, ohne dass man ihr schmutziges Bettzeug gewechselt hatte. Sie verließ das Krankenhaus wenige Tage später mit einem Neugeborenen und einer Nierenbeckenentzündung.

Objektiv gesehen, war bei mir alles so gelaufen, wie es sich Hebammen, Schwangere und Ärzte wünschen.

Objektiv gesehen hatte ich eine perfekte Geburt, ohne medizinische Intervention. Doch meine Gefühle passten nicht dazu. Die Hebamme legte das Baby auf meine Brust, sie hätte mir auch ein Stück Holz drauflegen können. Ich war nur erleichtert, dass ich dem Tod entkommen war.

Das Baby öffnete die Augen, ich konnte es nicht länger ignorieren. Ein neues Wesen, erst wenige Minuten alt, aber mit schon so wachen, großen, tiefschwarzen Augen. Mein Sohn. Ein fremdes Wort. Ein fremder, neuer Mensch. Ich kannte ihn nicht, ich wusste nichts über ihn, und es war völlig unklar, ob ich ihn jemals ganz kennenlernen würde. Ich ließ den Blick nicht von ihm und strich über seinen zarten, kahlen Kopf. »Wo kommst du denn her«, flüsterte ich.

Noch Stunden später, nachdem unser Sohn auf die Welt gekommen war, konnte ich kaum fassen, was passiert war. Ich stand unter der Dusche und ließ das Wasser über meinen Kopf und meinen Rücken laufen. Eine Schwester schaute rein: »Brauchen Sie Hilfe?«, fragte sie. Ich schüttelte den Kopf, musste mich aber zusammenreißen, um nicht zu rufen: »Ich habe gerade ein Kind geboren! Können Sie sich das vorstellen?« Es war der Morgen des 9. November.

In der Nacht nach der Geburt machte ich kein Auge zu, mein Körper war wie voller Drogen. Ich lag in einem Einzelbett im Krankenhaus, in einem weiteren schnarchte Sebastian. Mein Sohn lag direkt neben mir. Ich traute mich nicht, mich zu bewegen, aus Angst, ihn zu erdrücken. Ich starrte ehrfürchtig auf das kleine Bündel, ich konnte den Blick nicht von ihm lassen, ich strich wieder und wieder über seinen Kopf, über seinen Rücken. Als müsste ich mich versichern, dass er real war. Und es schwang noch ein anderes Gefühl mit: die Angst, dass ihm etwas passieren könnte, wenn ich ihn einen Moment aus den Augen lassen würde. Sein Brustkorb bewegte sich auf und ab, manchmal zuckte er, und das erschreckte mich.

In Deutschland, so schien es mir, gibt es für junge Mütter in den Tagen direkt nach der Geburt nur zwei Zustände: entweder ist man überglücklich oder am Boden zerstört, Mutterglück oder postnatale Depression. Dazwischen war wenig.

Wenn eine Frau Mutter wird, passieren eine Reihe von Veränderungen. Die größte Veränderung besteht darin, dass sie ihre innere Freiheit verliert. Die britische Autorin Rachel Cusk beschreibt, dass eine Frau in dem Moment zu einem gespaltenen Wesen wird, in dem ein anderer Mensch ihren Körper verlässt. Das ist der Moment, von dem an eine Mutter nie wieder allein sein wird. Und nicht allein sein kann. »Bei der Geburt erlebt eine Mutter nicht nur eine Entfremdung von sich selbst, sondern es ändert sich auch ihr Verständnis von menschlicher Existenz. Ein eigener Mensch lebte in ihrem Körper. Und er wird weiterleben in der Einflusssphäre ihres Bewusstseins. Mit Kind kann sie nicht sie selbst sein. Aber ohne Kind auch nicht«, schreibt Rachel Cusk in ihrem Buch »A Life's Work«.

An die ersten Tage zu dritt erinnere ich mich noch genau.

Der Moment, nach Hause in die Wohnung zu kommen. Alles wirkte vertraut. Und doch anders. Die Mäntel hingen immer noch im Flur. Die Bilder an der Wand waren unverrückt. Die Kaffeekanne harrte noch im Spülbecken. Die Suppe von vor drei Tagen stand im Kühlschrank. Das Bett sah noch so aus, wie ich es verlassen hatte, auf dem Laken ein großer Fleck. Und doch war nichts wie vorher. Ich trug das kleine Wesen herum, es starrte mich an, große klare Augen, ohne jedes Misstrauen. Ich wusste nicht, was ich machen sollte. Angeblich sollte ich mich hinlegen, das wird nach der Geburt angeordnet, aber das kam mir falsch vor, also tat ich so, als hätte sich nichts geändert. Ich zog mich um, ich telefonierte, schrieb Nachrichten, ich rief Freunde an und lud sie ein. Sie kamen, sie schauten als Erstes auf meinen Bauch. »Du bist ja schon wieder ganz schlank«, sagten sie und klangen verwundert. Als handele es sich um eine seltsame Verwandlung.

Sie setzten sich auf das Sofa und bewunderten das Baby auf meinem Arm. Sie wollten es halten, und ich übergab ihnen meinen Sohn, obwohl es mir schwerfiel. Ich wollte ihn am liebsten nicht aus der Hand geben, weil ich Angst hatte, ich könnte ihn verlieren. Wir waren nicht mehr körperlich verbunden, und doch hatte ich das Gefühl, dass er noch ein Teil von mir ist. Damals ahnte ich noch nicht, dass das Gefühl sehr lange nicht weggehen würde, auch später nicht, als er längst selber sprechen und laufen konnte.

Sie sagten »oh«, »ah« und erzählten von ihrem Tag im Büro, ihrem Urlaub, den Nachrichten, die sie gelesen hatten. Ich tat so, als wäre ich kompetent, als hätte ich alles im Griff, wir simulierten ein Gespräch.

In Wahrheit hatte ich keine Ahnung, was ich machen sollte, die neue Situation überforderte mich völlig. »Die Gegenwart meiner Tochter bereitet mir Sorgen, macht mich unruhig. Im Krankenhaus fühlte ich eine fast animalische Nähe zu ihr. Jetzt, zu Hause, stehe ich wie unter Schock. Es ist, als ob ich rausgegangen wäre und mir etwas sehr, sehr Teures gekauft hätte. Etwas, das ich unbedingt haben wollte. Doch jetzt, da ich dieses Etwas besitze und zu Hause betrachte, frage ich mich mit wachsender Beklommenheit, was ich eigentlich damit wollte«, schreibt die Britin Cusk.

Bevor das Kind geboren wurde, wurde ich oft gefragt, ob ich stillen will. Ich habe das fast als Beleidigung empfunden. Wer stillt denn nicht? Muttermilch ist das Beste für Ihr Kind, das schreit einen aus jedem Regal im Drogeriemarkt an, von den Wänden beim Kinderarzt, in der Geburtsklinik. Stillen macht stark und angeblich sogar schlau, las ich in einem Magazin, das bei der Frauenärztin auslag. Nicht zu stillen kommt in den Kreisen, in denen ich mich bewegte, der großstädtischen, akademisch geprägten Mittelschicht, fast Kindesmissbrauch gleich.

Meine Mutter hat nicht gestillt. Keines ihrer drei Kinder. Sie hatte keine Milch, behauptet sie im Rückblick. Ich kann nicht beurteilen, ob das stimmt. Wenn sie erzählt, wie ihre Geburten verlaufen sind, klingt das sehr fern, wie aus einer anderen Welt. Mutter und Kind lagen in getrennten Zimmern. Das wäre damals üblich gewesen, in den Siebziger- und frühen Achtzigerjahren. Die Mutter sollte sich von den Strapazen der Geburt erholen, das war der Gedanke. Heute wird das Kind als Erstes nach der Geburt auf die nackte Brust der Mutter gelegt, alles geht um Nähe, Hautkontakt, Bindung. Angeblich sollen die Neugeborenen auch in der Lage sein, sofort die Brust zu finden und daran zu nuckeln. Mein Sohn suchte keine Brust, er schaute mich nur fragend an, ich meinte sogar einen Vorwurf in seinem Blick lesen zu können. Die Hebamme griff meine Brust und stopfte sie ihm in den Mund. Mein Sohn guckte, als würde ihn jemand mit einem Schnitzel traktieren. Was sollte er mit diesem Fleisch?

Die Hebamme wurde unruhig, und ihre Unruhe übertrug sich auf mich. Das Baby wog nur 3100 Gramm bei der Geburt, das gilt in Deutschland als untergewichtig. »Er darf nicht zu viel Gewicht verlieren«, sagte sie, ihre Stimme klang ernst.

Das Kind war kaum ein paar Minuten auf der Welt, als ich schon eine wichtige Lektion des Elternseins lernte: Kaum hat sich eine Sorge erledigt, kommt die nächste. Ich war erschöpft, ich war erleichtert, ich war glücklich, die Geburt hinter mir zu haben, doch in die Erleichterung mischten sich schon wieder ängstliche Gedanken. Wird er es schaffen, trinken zu lernen? Wird er genug Milch bekommen? Wird er satt werden?

35

Nach einer Weile fing er an zu saugen, aber nur zaghaft. Die Schwestern halfen mir, ihn richtig an die Brust zu legen, alleine schaffte ich es nicht. Panik machte sich breit. Mein Kind zu ernähren war doch die erste Pflicht, die ich hatte. Muttermilch ist das Beste für Ihr Kind. Sie schützte vor Krankheiten und sollte das Kind stark und schlau machen. »Das weiße Gold« nannte es eine Freundin, die eine Woche vor mir ihr Baby bekommen hatte. Ich musste doch nichts anderes tun, als dem Baby etwas zu essen zu geben. Würde ich schon darin als Mutter versagen? Ich bat Sebastian, mir zu helfen. Ich legte mich hin, das sollte die Sache angeblich leichter machen, das zappelnde Neugeborene neben mir, er schob meine Brust in den kleinen Mund, die Brust fiel raus. Er probierte es noch mal, ich wurde unruhig, nach dem vierten oder fünften Versuch funktionierte es, das Baby nuckelte. Ich war schweißgebadet. Warum behaupteten Frauen, wie praktisch Stillen sei, wenn man es nicht ohne Hilfskräfte und großen Aufwand schaffte?

Nach drei Tagen wachte ich morgens auf und hatte mich in Pamela Anderson verwandelt, zumindest obenrum. Milcheinschuss, so nennt man das, wenn der Körper nach einigen Tagen anfängt, die dünnflüssigere, aber nahrhafte Milch zu produzieren. Milcheinschuss klang brutal. Militärisch. Und so war es auch. Ich will nicht undankbar klingen, natürlich war ich erleichtert, dass mein Körper das hinkriegte, wozu er gemacht war. Es war, als hätte ich plötzlich eine neue Fähigkeit gelernt, wie Russisch sprechen. Ich konnte Fencheltee in Milch verwandeln wie Jesus in der Bibel Wasser zu Wein. Die Milch war da, jetzt musste mein Sohn sie nur noch abholen. Doch er schaffte es nicht. Er weinte, er brüllte, er strampelte. Meine Brüste schmerzten. War vielleicht etwas falsch mit ihnen? Waren die Brustwarzen schief? Die Hebamme empfahl Stillhütchen. »Manche Frauen stillen damit Monate«, sagte sie. Sebastian rannte zur Apotheke und kam mit einem Päckchen voller kleiner Plastikhütchen wieder. Ich setzte eines auf. Ich kam mir wie eine Betrügerin vor. Das war wie Fahrradfahren mit Stützrädern. Das Kind weinte, und ich weinte mit.

Irgendwann meinte mein Mann: Du könntest ja auch Fertigmilch nehmen. Ich schaute ihn entsetzt an, als hätte er mir eine Ohrfeige gegeben. Kam nicht infrage!

Wir lebten in einer neuen Zeitrechnung, das Baby brachte alle Tage durcheinander, stellte den gewohnten Ablauf auf den Kopf. Als mein Sohn endlich trinken gelernt hatte, wollte es gar nicht mehr aufhören. Er trank und nahm langsam zu. Er trank alle zwei Stunden für 45 Minuten, das heißt, gerechnet ab dem Trinkbeginn. Wenn man noch fünfzehn für das Wechseln der Windeln einberechnet, blieben eine Stunde zum Duschen, Essen, Wohnungaufräumen, Wäschewaschen, Ausruhen, Telefonieren, E-Mails-Beantworten. Mein Tag wurde zerschnitten, in viele kleine Zwei-Stunden-Abschnitte, 24 Stunden lang. Ich hatte mich in eine Milchbar verwandelt, die nur einen Kunden hatte, die aber rund um die Uhr geöffnet war. »Ruh dich aus, wenn er schläft«, riet die Hebamme. Aber das schaffte ich fast nie, weil es nie passte, weil er schlief, als ich grade munter wurde, weil er schlief, als ich schnell noch einen Anruf beim Amt erledigen wollte, ein Formular ausfüllen.

Wenn ich zurückdenke, sehe ich mich stundenlang unbeweglich auf dem Sofa verharren. Ich saß auf dem Sofa, als mein Mann morgens die Wohnung verließ, und ich saß immer noch dort, als er abends zurückkam. Wie eingesperrt.

Ich hatte mich mein Leben lang immer bewegt, jetzt verließ ich die Wohnung nur selten, ich lud niemanden mehr ein, niemand kam mehr, meine Verbindung zur Welt war nur das Smartphone.

Die Facebook-Mamis schienen ihr Leben besser im Griff zu haben als ich. Eine Freundin aus New York, die auch vor Kurzem Mutter geworden war, postete etwas über ihre kleine, zwei Wochen alte Tochter. »Wir sind mit Cleo unterwegs zum Soho House. Wird Zeit, dass sie das Leben genießen lernt«, schrieb sie, dazu hatte sie ein Bild aus einem Restaurant gestellt, auf einem Sessel stand ein Autositz mit dem schlafenden Baby. Ich schaute mir das Foto an, ich konnte den Blick nicht davon lassen. Wie hatten sie es geschafft, in ein schickes Restaurant zu gehen? Mein Sohn war auch zwei Wochen alt, und ich schaffte es kaum hinunter zum Laden in unserer Straße.

Meine Freundin postete in den folgenden Monaten neue Fotos von Cleo, die sie mit Herzen dekorierte. Von Ausflügen, Café- und Restaurantbesuchen, Rundreisen mit dem Auto. Das Leben meiner Freundin schien weiterzugehen, als wäre nichts passiert, als liefe das Baby so nebenher, als gäbe es keine schlaflosen Nächte, entzündete, schmerzende Brüste und das wachsende Gefühl von Verzweiflung. Als ich ihr schrieb, wie anstrengend ich das Rund-um-die-Uhr-Stillen empfand, antwortete sie, dass Cleo meistens acht Stunden am Stück schlafe.

Mir schien, dass sie ihr neues Leben als Mutter besser

hinkriegte als ich. Und dass es ihr wichtig war, das nach außen zu zeigen.

Ich ahnte damals noch nicht, dass das nur der Anfang der vielen Vergleiche war, die Frauen untereinander anstellten, wenn es um Kinder und Erziehung ging. Es fing beim Stillen an und hörte bei der Frage, wann man das Kind in die Krippe gibt, noch lange nicht auf. Wer glaubt, dass es in deutschen Büros einen hohen Konformitätsdruck gibt, der sollte einmal einen Spielplatz besuchen. Die perfekte Großstadtmutter stillt mindestens ein Jahr, benutzt Stoffwindeln, gibt ihr Kind frühestens im zweiten Lebensjahr in die Krippe, aber nur für wenige Stunden. Sie beschwert sich nie über Trotzanfälle oder zerrissene Nächte, und wenn, dann nur ironisch. Sie würde nie sagen, dass es langweilig oder monoton ist, auf ein Kleinkind aufzupassen. »Man bekommt so viel zurück«, ist ihr Lieblingssatz.

Ich hielt mein Telefon in der Hand und wischte über das Display. Während ich unbeweglich auf dem Sofa saß, drehte die Welt sich weiter. Wenn ich auf das Display tippte, hatte ich das Gefühl, ein bisschen daran teilzunehmen. An manchen Tagen dachte ich daran, was ich alles erledigen könnte, wenn das Baby schneller trinken würde. Am schlimmsten waren die Nächte, die Stunden waren zäh, ich griff mir mechanisch das Kind, legte es an, es schmatzte genüsslich. Doch das reichte mir nicht, ich hatte den Zustand erreicht, den man nach Wochen der zerrissenen Nächte erreicht, eine innere Unruhe, eine Anspannung der Nerven, die durch nichts zu beruhigen zu sein schien. Ich griff zum Handy, ich scrollte mich durch Twitter, dort war immer was los, zu jeder Tageszeit, man war nie allein. Ich schaute auf mein Handy, ich scrollte runter und scrollte hoch, die Bürgermeisterin des Bezirks, in dem ich wohnte, war immer online. Selbst um vier postete sie etwas über die Finanzen des Bezirkes. Durch den Hof huschten immer wieder schwarze Gestalten, allein, zu zweit oder zu dritt, manchmal trugen sie ein Sixpack Bier, Stoff für die Nacht, manchmal lachten sie laut oder unterhielten sich auf Englisch, aber meistens blieben sie ganz still.

Nach drei oder vier Wochen musste ich raus. Ich hielt es nicht mehr aus. Ich verabredete mich mit einer Freundin zum Kaffeetrinken, es regnete, wir gingen in ein Café. Ich trug das Baby in einer Bauchtrage. Wir setzten uns an einen Tisch, ich nahm das Baby heraus und legte es an meine Brust, während ich einen Cappuccino bestellte und mich weiter unterhielt. Es lief gut. Ich brachte die beiden Welten zusammen, mein altes und mein neues Ich. Doch dann fing mein Sohn an zu schreien, er ließ sich nicht beruhigen, die Gäste im Café guckten hoch und schauten mich an, und in mir machte sich Panik breit. Ich packte das Kind in die Trage, ich muss los, sagte ich. Ich entschuldigte mich, ich sagte, wie unangenehm mir das sei, meine Freundin sagte, dass sie mich gut verstehe, sie würde noch ein wenig sitzen bleiben und die Zeitung lesen. Ich lief hinaus in den Regen. Ich begriff, dass ich keine Ahnung hatte, wie ich mein altes und mein neues Leben zusammenbringen sollte.

Die beiden Welten passten nicht zusammen, schreibt Rachel Cusk: »Wer eine gute Mutter sein will, muss Arbeit liegen lassen, Termine absagen, Telefonanrufe ignorieren. Um sich selbst treu zu bleiben, muss man das Baby schreien lassen. Um Raum für sich, für seine Gedanken zu haben, muss man das Kind vergessen.« Die Auffassung, dass eine Frau ihre Erfüllung erst findet, wenn sie Mutter wird, mag politisch heute nicht mehr korrekt sein. Vorhanden ist sie trotzdem. Ich würde gern mit Rachel Cusk andersrum fragen: Was bleibt von der Frau, wenn sie Mutter wird?

Wenn ich schon die Entscheidung getroffen hatte, Mutter zu werden, dann wollte ich es wenigstens richtig machen: Ich las Mütterblogs, meldete mich bei einem Pekipkurs an und ging zur Rückbildungs-Gymnastik. Ich legte eine Tabelle an, in der ich minutengenau die Schlafenszeiten und motorischen Fähigkeiten meines Sohnes protokollierte. Als es mit dem Stillen besser klappte, zwang ich mich dazu, meinen Sohn auch in der Öffentlichkeit anzulegen. Bald würde ich anfangen zu backen und zu kochen. Erst einfache Rührkuchen, dann immer kompliziertere Torten und Brote. Während ich stillte, scrollte ich das Telefon nach neuen Rezepten, neuen Inspirationen ab. Früher hatte ich am Schreibtisch gesessen, jetzt stand ich in einer Küche, das Kind in der Trage vor dem Bauch oder auf dem Rücken. Später, als es größer wurde, ließ ich ihn herumkrabbeln, die Regale ausräumen, die Zeitungen zerreißen, während ich Mehl und Puderzucker abwog. Irgendwann begriff ich, dass ich meiner Mutter immer ähnlicher wurde. Hatte sie nicht auch dauernd gebacken und gekocht? Ich verstand, dass sie damals vielleicht in die Küche geflüchtet war, sie bereitete die Speisen nicht für uns zu. Sondern für sich. Es war die letzte Form der Kreativität.

Nach einiger Zeit besorgte ich mir auf den Rat einer Nachbarin hin eine elektronische Milchpumpe. »So eine haben in den USA alle«, sagte sie. Ich verließ die Apotheke mit einem gelben Gerät, das in einer Art Werkzeugkoffer steckte. Zu Hause packte ich es aus. Aus dem Gerät kamen zwei Schläuche, die man an die Brust anschließen sollte. Ich setzte mich hin, legte die Schläuche an, das Gerät fing an zu rattern. Ich fühlte mich ein bisschen, wie die Milchkühe sich fühlen müssen. Das Gerät ratterte weiter, die Flasche Milch füllte sich sehr, sehr langsam. Nach einer halben Stunde hatte ich sechzig Milliliter abgepumpt. Das reichte nicht einmal für eine volle Mahlzeit. Das Gerät ratterte.

Der Zeitdruck wurde noch größer, weil ich ein Manuskript auf dem Tisch hatte, das ich vor der Geburt angefangen hatte und das fertig werden musste. Mein Mann ging mit dem Kind raus, damit ich ein wenig arbeiten konnte. Manchmal stand er nach einer halben Stunde wieder vor mir, mit dem schreienden Kind. »Was soll ich machen?«, fragte er. Ich hatte auch keine Ahnung. Nur weil ich zwei Brüste hatte, war ich nicht zur Erziehungsexpertin geworden. »Vielleicht hat er Hunger?«, hakte Sebastian nach. Alle sagten das. Selbst fremde Menschen in der U-Bahn drehten sich um, wenn das Baby schrie: »Vielleicht hat er Hunger?«

Das nächste Mal pumpte ich Milch ab und ging ins Café. Ich guckte auf die Uhr, ich hatte mindestens zwei Stunden, ich packte meine Tasche: Laptop, zwei Bücher, ein Notizbuch sowie eine ungelesene Ausgabe der Wochenzeitung. Ich war optimistisch. Im Hausflur traf ich eine Nachbarin, sie lächelte, stellte eine Frage, ich freute mich, sie zu sehen, aber wurde auch unruhig. Das ging alles von meiner Zeit ab, was wir hier beredeten. Als ich dann im Café saß, allein, an einem Tisch, wurde ich noch hibbeliger. 90 Minuten! Hilfe, ich hatte auf einmal so viel Zeit, einen Ozean an Freiheit, was soll ich anfangen? Am Manuskript arbeiten? Doch schnell E-Mails checken? Kurz in einem Buch lesen? In die Zeitung gucken? Eine Freundin anrufen? Die Möglichkeiten überforderten mich.

Ich spürte den Stress, den Druck, meine Zeit möglichst effizient zu nutzen. Die Uhr tickte. Wer wusste schon, wann ich wieder die Möglichkeit haben würde, allein im Café zu sitzen?

Ich atmete tief ein und aus und guckte aus dem Fenster, ich sah die Menschen vorbeihasten. Ich ließ die Zeitung liegen, das Buch und das Manuskript. Mit der Zeit wurde ich ruhiger, ich hatte den Impuls, zum Handy zu greifen, doch ich zwang mich, weiter aus dem Fenster zu gucken. Ich hörte den Gesprächen neben mir zu, den Geräuschen der Kaffeemaschine. Ich dachte daran, wie viel Zeit ich früher hatte. Ich konnte um vier Uhr nachmittags frühstücken und mir stundenlang den Kopf über die Frage zerbrechen, ob ich lieber zum Yoga oder joggen gehe. Und wie wenig ich die Zeit zu schätzen wusste. Jetzt waren neunzig Minuten so wertvoll wie ein Königreich.

Im Nachhinein kommt es mir so vor, als ob mein Sohn im ersten Jahr nur geschrien hat. Es kann nicht sein. Es gibt Fotos, auf denen er fröhlich aussieht. Auf denen er sogar lacht. Trotzdem kommt es mir vor, als hätte er nur geschrien und gegessen und manchmal geschlafen. Er wollte nie allein sein, sobald man ihn ablegte, fing er an zu brüllen. Nur wenn man ihn dicht am Körper trug, war er ruhig. Das Schreien hat sich angefühlt, als würde es ewig dauern.

Wenn ich mich an jene Zeit erinnere, denke ich vor allem an die Nächte. Ich sehe mich im Wohnzimmer auf und ab laufen, in den Armen das unruhige Kind. Er beruhigte sich nur, wenn ich ihn herumtrug. Nebenan schlief mein Mann, ich sehe mich, wie ich am Wohnzimmerfenster stand. Ich blickte in den Hinterhof und beobachtete, wie viel Leben in der Nacht stattfand, wer noch alles wach war. Im dritten Stock war oft um drei Uhr auch noch Licht, eine Frau im Hemd ging zum Kühlschrank und holte eine Schüssel heraus. Ein Stockwerk drunter entdeckte ich die Nachbarin, eine türkische Frau, die ich nur nachts kenne, die man nie tagsüber sieht, weder im Hof noch in der Wohnung. Sie öffnete das Fenster, und es klapperte, Töpfe, dann rumpelte es, als würde sie mit einem Besenstiel in die Ecken schlagen, sie putzte mit einer Wut, die ich über den Hof hörte. An anderen Tagen sah ich sie, ihre Gestalt, das Kopftuch weit nach vorne gezogen, sodass man kaum das Gesicht erkennen konnte, sie putzte die Fenster, sie wischte das Glas. Mitten in der Nacht. Sie musste mich sehen, uns trennten nur zehn Meter, aber sie tat so, als würde sie mich nicht sehen, mit meinem Baby auf dem Arm. Nachdem ich eine Stunde, zwei Stunden mit ihm herumgelaufen bin, sah es aus, als würde es schlafen, aber sobald ich mich ins Schlafzimmer bewegte und mich nach vorne beugte, um es abzulegen, fing es an zu zucken und zu quieken. Also ging ich wieder zurück, lief auf und ab. Auch drüben bei den türkischen Nachbarn brannte inzwischen kein Licht mehr.

Das Hinlegen erinnerte an eine Turnübung. Ich balancierte meinen schlafenden Sohn auf dem Bauch, lehnte mich dann zurück und drehte mich vorsichtig und legte ihn dann neben mir ab, immer in Panik, dass er aufwachen könnte und alles von vorne beginnt.

Das Schreien zersetzte mich. Es machte mich hilflos. So hatte ich mir das Muttersein nicht vorgestellt. Im Kopf hatte ich das Bild der Mütter, die in den Cafés in der Innenstadt sitzen. Vor sich eine Tasse, ein Buch, daneben das Baby im Wagen oder auf dem Schoß. Ich saß nie im Café. Mein Sohn schlief nur im Wagen, wenn der Wagen sich bewegte. Ich legte jeden Tag zehn Kilometer zurück, ich lief auf dem Friedhof herum, bei Regen, bei Hagel, bei Schnee. Manchmal weinte ich, aber ich war allein und niemand sah die Tränen. Was war los mit dem Kind? War das normal, dass es so viel schrie? Hatte ich ihm, als er noch im Bauch war, zu viele düstere Gedichte vorgelesen? Hatte ich ihm durch mein Schreiben zu viel Stress zugemutet? Hatte ich als Kind so viel geschrien? »Du warst immer brav«, behauptet meine Mutter. Aber ich traute ihren Erinnerungen nicht.

Ich ertappte mich dabei, dass ich vor meinem Kind Angst bekam. Ich traute mich kaum zu duschen, weil ich Angst hatte, das Kind könnte explodieren. Ich hatte Angst vor dem, was ihn so plagte. Ich las in einem Buch, dass Babys in den ersten drei Monaten oft viel weinten, man sprach von Drei-Monats-Koliken. Nach drei Monaten würden sie ruhiger. Mein Kind war vier Monate alt, und es wurde lauter. Je mehr das Kind schrie, desto verzweifelter presste ich es an mich. Es ist mir unangenehm, das zu schreiben, aber manchmal hätte ich es gerne geschüttelt. Wenn das Kind im Schlaf zuckte, sich immer wieder wach machte. Es brüllte, wurde rot, drückte den Rücken durch. Nichts konnte es trösten. Es schrie so sehr, bis es sich erbrach. Beim Kinderarzt las ich eine Statistik. 300 bis 400 Babys würden jedes Jahr sterben, weil sie zu Tode geschüttelt wurden. Ich erinnere mich, dass ich mich damals wunderte, dass es nicht mehr waren.

Ich sprach mit der Hebamme. Sie sagte, das Schreien sei eine Art der Kommunikation. Babys versuchten darüber zu verarbeiten, was sie tagsüber erlebten.

Ich hörte zu und überlegte. Was hat das Baby denn groß erlebt, es klebt doch von morgens bis abends an mir, dachte ich, unterdrückte aber den Gedanken sofort wieder.

Die Hebamme sagte nicht, dass das Weinen normal sei. Die Hebamme sagte nicht, dass die Babys es aushalten, wenn man sie mal allein lässt, weil man fünf Minuten duschen muss. Die Hebamme sagte, ich hätte falsch reagiert. Ich sollte nicht »shsh« sagen, sondern zuhören und dem Kind antworten. Sie sagte: »Es spürt deine Anspannung.« Sie hatte bestimmt recht, aber während sie das sagte, merkte ich, wie meine Nervosität sofort noch mehr wuchs. Ich machte mir Vorwürfe, dass ich so angespannt war, was mich wiederum noch angespannter machte.

Auch die Literatur, die ich konsultierte, kannte Schreikinder. Ein Buch empfahl mir, während der Stillzeit auf Obst, Gemüse und Milchprodukte zu verzichten. Ein anderes riet, ein besonderes Kümmelöl auf dem Bäuchlein des Kindes zu verreiben, das eine Hebamme im Allgäu zur Linderung von Drei-Monats-Koliken herstellte. Ein drittes Buch verwies auf Studien, die belegten, dass es keine Drei-Monats-

Koliken gab. Um das Schreien besser auszuhalten, sollte ich mit den Füßen auf den Boden stampfen wie ein Elefant, so sollte die Wut in den Boden abfließen, hieß es. Ich stampfte durch die Wohnung und fragte mich, was aus all der Wut wohl wird, wo geht sie hin?

Ich ging in einen Rückbildungskurs: Zehn Frauen, zehn Babys, acht davon schrien während des gesamten Kurses. Es war wie Bürgerkrieg. Ich turnte selten selber mit, ich erinnere mich, dass ich die meiste Zeit des Kurses damit verbrachte, das Baby im Arm zu schunkeln.

Ich sah, wie andere Kinder auf der Decke lagen und stundenlang mit ihren Füßchen spielten. Das waren Babys, so wie man sie kannte. »Ich lege sie hin, Schnuller rein, und dann schläft sie zwölf Stunden durch«, sagte eine Bekannte über ihre vier Monate alte Tochter. Andere hatten auch Probleme. Ein Baby schlief nur ein, wenn der Fön über ihm lief. Ein anderes brauchte eine Meeresrauschen-App neben ihm, um sich zu beruhigen.

Ich installierte eine Meeresrauschen-App, ich holte den Fön ans Bett, das Geschrei wurde schlimmer. Das Kind schlief zeitweilig nur dreißig Minuten am Stück und wachte auch nachts alle halbe Stunde auf. Es frisst mich, hörte ich mich sagen. Wenn ich morgens aufwachte, befühlte ich mein Gesicht, weil ich das Gefühl hatte, seine Einzelteile seien verrutscht. Ich fing an zu stottern, mir fielen Worte nicht mehr ein. Ich redete kaum noch mit meinem Mann, wir besprachen das Nötigste, sonst versuchte ich zu funktionieren.

Er sagte, er fühlt sich wie ein Geist in meiner Gegenwart. Als ob ich ihn nicht sehen würde. Als ob er ein Ärgernis wäre. Mir dauernd im Weg. Einmal wollte ich zur Drogerie, und er bestand darauf, dass er mit dem Kind mitkam. Ich regte mich wahnsinnig auf, weil ich allein sein wollte und weil ich wütend war, dass er nicht verstand, dass ich allein sein wollte.

Er sagte, ich bewege mich wie eine Maschine.

Und er hatte recht. So bewegte ich mich damals. Eine Maschine, die Milch produziert, Windeln wechselt, die angekackt, angepinkelt und angebrüllt wird. Ich hatte das Gefühl, dass von mir, der Person, die ich einmal war, wenig übrig war, dass sie verschwunden war, und zwar unwiederbringlich.

Am Anfang bot er mir noch seine Hilfe an, aber ich sagte Nein. Wie hätte ich seine Hilfe annehmen können? Ich hatte ja sonst keine andere Aufgabe, als mich um das Baby zu kümmern. Das war das Mantra der modernen Erziehung: Wer das Wohl des Babys in den Mittelpunkt stellt, sich ganz auf seinen Rhythmus einstellt – Stillen nach Bedarf, Tragetuch, Familienbett, nie weinen lassen – bekommt ein zufriedenes, entspanntes Kind.

Offensichtlich machte ich etwas falsch. Obwohl ich körperlich an meine Grenzen gegangen war, hatte das nicht ausgereicht. Ich hatte nicht genug gestillt. Nicht genug Zärtlichkeit gezeigt. Nicht genug Liebe. Einmal hatte ich nach einer Woche geduscht, nicht nur zehn Sekunden, sondern ausführlich, bestimmt zehn Minuten. Ich ließ das Wasser über meinen Körper laufen und sah ihm zu, wie es im Abfluss verschwand, ich wünschte mir in dem Moment, ich wäre das Wasser gewesen, ich wäre auch am liebsten verschwunden, ich hätte mich am liebsten aufgelöst in kleine Einzelteile, in Atome und wäre in den Abfluss verschwunden. Während ich duschte, brüllte das Baby. Ich schämte mich später, ich hatte ein schlechtes Gewissen, ich hatte ihn schreien lassen. Es klingt banal, aber noch später machte ich mir Vorwürfe, dass mir damals die Zeit unter der Dusche wichtiger war als mein Kind.

In den ersten zehn Monaten mit meinem Sohn war ich erschöpft, und gleichzeitig schämte ich mich, dass ich so erschöpft war. Ich traute mich nicht, mit anderen drüber zu sprechen. Erst später stellte ich fest, dass es anderen Müttern auch so ging, dass sie sich durch die ständige Rücksichtnahme fertigmachten.

Zehn Wochen nach der Geburt ging ich zur Yogastunde, während Sebastian das Baby im Wagen spazieren fuhr. Die Stunde sollte neunzig Minuten dauern, er hatte ein Fläschchen abgepumpter Milch dabei. Ich war vor dem Kind regelmäßig zum Yoga gegangen, zweimal die Woche. Der Unterricht fand in einer umgebauten Fabriketage in einem schick gewordenen Viertel der Stadt statt. Die Yogalehrerin hatte ein Jahr vor mir eine Tochter bekommen. Sie hatte während der Schwangerschaft bis zum achten Monat noch Yoga unterrichtet und auch selbst praktiziert. Wenige Tage nach ihrer Entbindung stand sie wieder im Übungsraum, schlank, stark und rosig wie die Promi-Mütter aus der Zeitung. Selbst ihre Tattoos leuchteten. Als sie mich an jenem Tag sah, hatte sie ein breites Grinsen im Gesicht. »Ist Mamasein nicht das Schönste auf der Welt?«, sagte sie. Ich hatte seit Wochen nicht geschlafen, mir tat alles weh, ich hatte schon ewig kein Gespräch geführt. Ich vermisste mein altes Leben, meine alte Freiheit. Ich hatte keine Ahnung, wovon sie sprach. Sie schien auch keine Antwort zu erwarten, sondern redete weiter, worüber, weiß ich nicht mehr.

Aber dieser Satz vom Mamasein hat sich eingebohrt, er war bestimmt nicht so gemeint, sondern nur so dahingesagt, aber für mich funktionierte er als Trennlinie, als Ausschlusskriterium. Es war ein Satz, in dem ich mich nicht wiederfand – und ich merkte, dass ich mich dafür schämte. Die gute Mutter hat nicht nur glücklich, dankbar und zufrieden zu sein. Die gute Mutter hat so zu tun, als hätte sie ihre Erfüllung gefunden. Als wäre alles, was vorher in ihrem Leben passierte, was sie vorher erlebt hat, weniger wert gewesen. Offenbar gab es nichts Bewahrenswertes, Erhaltenswertes. Was bleibt von der Frau, wenn sie Mutter wird? Mamasein ist das Schönste der Welt. Früher, vor allem in der DDR, war es normal gewesen, dass man Kinder bekam, meist nicht nur eins, es gehörte zum Leben dazu, heute war es zu einer Entscheidung geworden, die etwas über den Lebensstil ausdrückte, ein bewusster Lifestyle. Und wenn man schon so eine schwerwiegende, unumkehrbare Entscheidung getroffen hatte, musste es wenigstens »das Schönste der Welt« sein.

Ich ging in den Übungsraum und rollte meine Matte aus. Ich liebte mein Kind, doch diese Liebe machte mich fertig.

Kurz vor der Geburt hatte ich eine Einladung bekommen. Eine große Zeitung feierte ihr jährliches Fest in einem schicken Saal am Brandenburger Tor. Ich hatte sofort zugesagt, auch wenn der Termin erst drei Monate später war. Dann wäre das Kind knapp drei Monate alt, dann wollte ich das erste Mal ausgehen. Das war mein Plan. Und es war noch mehr. Es war auch meine Hoffnung. Es war ein Termin, an dem ich mich festhalten konnte, mit dem ich so tun konnte, als würde sich nichts ändern, als könnte ich nach der Geburt weitermachen wie vorher. Ich wollte ein bisschen sein wie meine coole Freundin aus New York, die mit ihrem zwei Wochen alten Baby schon im Restaurant essen war. Ich wollte keine dieser Frauen sein, die jahrelang untertauchen, die keine Feier, keinen Geburtstag, keine Veranstaltungen mehr besuchen, nur weil sie sich fortgepflanzt haben. Ich hatte Angst davor, dass mein Lebensinhalt nur noch daraus bestehen würde, mit dem Kind zusammen zu sein, ich wollte nicht wie eine dieser Mütter werden, die in dem öden Paralleluniversum verschwinden, das sich um Babybreie, Stoffwindeln und Tragesysteme dreht. Das waren Themen, die mich nicht interessierten, die wahrscheinlich niemanden wirklich interessierten. Nicht mal die Frauen, die darüber redeten.

Obwohl es nach der Geburt schwieriger wurde, obwohl ich so müde war, wollte ich den Termin nicht absagen. Vielleicht wollte ich mir auch selbst etwas beweisen. Ich war einsam, ich war ungeduldig, ich sehnte mich nach meinem alten Leben, den Kollegen, den Gesprächen, nach der Freiheit, abends so lange ausgehen zu können, wie ich wollte. Ich sehnte mich nach meinem alten Ich.

An dem Tag, an dem abends die Feier stattfand, pumpte ich schon morgens Milch ab. Später suchte ich ein schwarzes Oberteil aus und eine schwarze, elegante Designerhose, die ich vor einigen Jahren einmal in den Galeries Lafayette gekauft hatte. Ich probierte die Sachen, die Hose war etwas zu eng, der Bauch noch zu groß. Das Einzige, was passte, war eine Schwangerschaftshose.

Ich war eine Milchbar, die wie ein Uhrwerk funktionierte und auf ihren einzigen Kunden ausgerichtet war, alle zwei Stunden kam die Milch, egal, ob ein Kunde da war oder nicht. Ich legte Watte in den BH, schminkte mich und zog hochhackige Stiefel an. Mein Mann hielt das Baby im Arm, beide wirkten zufrieden, fast erleichtert, ich winkte ihnen zu und ging aus dem Haus.

Vor dem Fest standen überall Männer in Anzügen herum, ich schlich zum Empfang hin, gab meine Jacke ab. Ich sah mich um und entdeckte mehrere Bekannte, Kollegen, Abgeordnete. Hallo hier, hallo dort. Es kam mir fremd vor und vertraut zugleich. Jemand drückte mir ein Glas Sekt in die Hand, bevor ich es ablehnen konnte.

Fremde Menschen kamen, drückten mir die Hände und gratulierten mir zum Baby. Wie alt es denn sei? Ah, elf Wochen, und was machen Sie dann hier?, fragte ein Politiker, selbst Vater von Zwillingen. Er schaute mich an, als stimmte etwas nicht mit mir. Wie können Sie schon ausgehen, wenn sie so ein kleines Kind haben, fügte er hinzu. Ich lächelte unsicher und wechselte das Thema. Wie man es als Mutter macht, schien es falsch zu sein.

Ich begriff erst später, dass es beim Muttersein nicht so sehr drauf ankam, was man selber dachte oder ob die Entscheidungen, die man traf, gut oder schlecht fürs Kind waren, sondern darauf, ob andere sie möglicherweise als schädigend ansehen und einen dafür verurteilen könnten. Es ging um soziale Kontrolle, um Normen, um Überwachung.

Ein Pressesprecher, den ich bisher als sehr kühl und distanziert erlebt hatte, erzählte sofort von seinem Sohn. Es sei ein Schreibaby gewesen, sagte er, er habe ihn jede Nacht stundenlang auf der Stadtautobahn herumgefahren, bis er eingeschlafen sei. Wegen der Anstrengung sei seine Ehe zerbrochen. Ich stand auf der Party, und mir fiel ein Lied von Judith Holofernes ein, »Liebe Teil Zwei«, heißt es, in dem es darum ging, wie sich die Beziehung verändert, wenn man Kinder hat: »Du sagst, ich fühl mich heute nicht so gut / Ich sag, Mann, reiß dich zusammen / Du sagst, dass dir der Kopf wehtut / Ich sag, meiner steht in Flammen / Du sagst, du bist so müde / Ich sag, mir ist schlecht / Das ist Liebe / Das ist Liebe / Jetzt erst recht«.

Ich summte das Lied in meinem Kopf, und ich musste lächeln, während ich an meinen Mann dachte, der zu Hause mit unserem Sohn saß. Ich holte mein Handy aus der Tasche, um zu gucken, ob er eine Nachricht geschrieben hatte. Das Display war leer, ich sinnierte, ob das ein gutes oder ein schlechtes Zeichen war. Dann fiel mir auf, dass ich allein auf einer Party stand und mit niemandem sprach. Der nette Pressesprecher war weg. Ich zwang mich, auf ein paar Kolleginnen zuzugehen, von denen ich wusste, dass sie auch Mütter waren. Aber ihre Kinder waren schon älter. Wenn Frauen die ersten Jahre hinter sich haben, wollen sie mit dem Thema oft nichts mehr zu tun haben. Deshalb gibt es auch so wenig Erziehungsratgeber von weiblichen Autoren.

Je länger ich dort stand, desto stärker brannten meine Brüste. Mir fiel es schwer, mich zu konzentrieren und Smalltalk zu halten. Ich vermisste das Baby. Nicht nur emotional, sondern körperlich. Das war etwas, was mich wirklich überraschte: was ich so nicht erwartet hatte. Ich hatte meine Freiheit doch herbeigesehnt, ich wollte wieder die Alte sein, die Zeit zurückdrehen. Aber ich vermisste mein Baby. Ich dachte an seinen kleinen Körper. Es war, als hätte ich eine falsche Entscheidung getroffen. Ich sollte zu Hause sein. Ich habe mir beweisen wollen, wie tough ich war, dass das Leben weitergeht, auch mit Baby. Ich habe so getan, als hätte sich nichts geändert. Es fiel mir schwerer, den Gesprächen zu folgen, alles erschien mir banal, der Klatsch, die Dramen aus den Redaktionen, ich drehte mich um, rannte los, holte meine Jacke und sprang ins nächste Taxi. Diese Gefühle, die ich bei diesem kurzen Abend in der Arbeitswelt erlebte, dieses ständige Hin- und Hergerissensein zwischen Liebe und Vermissen auf der einen und Wut und Erschöpfung auf der anderen Seite, waren nur ein Vorgeschmack auf das, was später kommen würde, wenn die Elternzeit vorbei sein würde. Aber das ahnte ich an jenem Abend noch nicht.

Die Schreie hörte ich schon von der Straße. Ich raste die Treppen hoch. Das Baby schrie in einem Zimmer, Sebastian saß im anderen. Du Unmensch, brüllte ich ihn an. Ich riss meine Bluse auf und legte das schreiende Kind an, mein Mann verschwand im Wohnzimmer. Das Kind beruhigte sich sofort. Und ich auch.

Es war ein Tiefpunkt, der lange nachwirkte.

Am nächsten Tag, als sich alle entspannt hatten, fragte ich ihn, warum er mich nicht angerufen hatte, als sich das Kind nicht beruhigt hatte. Er hatte mir nicht den Abend verderben wollen, auf den ich mich so gefreut hatte, sagte er. Ich verstand ihn, und ich verstand ihn nicht. Es war eine Zeit der Unruhe, der Suche, der Hilflosigkeit.

Mutterwerden katapultiert einen zurück in eine Zeit, die man längst überwunden zu haben glaubte. Man muss es sich ein bisschen so vorstellen, als wäre man wieder ein Teenager, alles ist neu, aufregend, unsicher. Man versteht seinen Körper, seine Gefühle nicht mehr, man kann nicht mehr klar denken. Man ist verliebt in einen Jungen namens xy und man kann an nichts anderes denken als an xy. Die Zeit als Teenager scheint stillzustehen. Man kann sich vor allem nicht vorstellen, dass es je anders sein wird. Eltern sagen: Du wirst ihn vergessen, aber man glaubt ihnen nicht. Der ganze Rhythmus, das ganze Denken, ist diesem einen Menschen untergeordnet. Erst später, wenn sich die Aussage der Eltern bestätigt hat, wenn man xy längst vergessen hat, begreift man, dass sich Dinge verändern. Es ist die banalste und gleichzeitig wertvollste Erkenntnis, die man im Leben haben kann: alles ändert sich. Gefühle ändern sich. Vielleicht ist es sogar die einzige Erkenntnis, die einen Erwachsenen von einem Jugendlichen unterscheidet.

Wenn ich an die Schreinächte zurückdenke, erinnere ich mich, wie ich das Baby hielt. Oder hielt das Baby mich? Es ging nur darum, die nächsten zehn Sekunden zu überstehen. Ich zählte bis zehn. Eins, zwei, drei, vier, fünf, sechs, sieben, acht, neun, zehn. Und dann wieder bis zehn. Und noch mal bis zehn. Und noch mal. Und noch mal. Bei jedem Schritt bewegte ich mich auf und ab im Schlafzimmer, die Dielen knarrten, als würden sie Geschichten erzählen, es war dunkel wie in einer Höhle, egal ob es früh am Morgen oder mitten in der Nacht war. Je länger ich meinen Sohn hielt, desto ruhiger wurde ich, es wurde eine Art Meditation. Ich war nicht entspannt, das nicht, so eine Ruhe war das nicht, aber ich hielt ihn fest, ich ließ ihn nicht fallen. Er hörte auf zu schreien, aber sobald ich ihn ablegen wollte, wurde er wieder laut, ich fing wieder von vorne an und zählte weiter, bis er irgendwann in meinen Armen einschlief. Dann sah er so friedlich und dankbar aus. Er machte mir keine Angst mehr. Ich hatte verstanden, dass ich nichts für ihn tun konnte, außer für ihn da zu sein. Die Liebe, die ich für ihn empfand, war neu und anders, nicht aufregend, nicht prickelnd, nicht überwältigend, sondern still und stark.

Als mein Sohn ein Jahr wurde, lernte er laufen, und alles wurde besser. Er hörte auf zu schreien, er saß vergnügt im Wagen, er spielte gern mit anderen Kindern, er schlief nachts besser. Es war, als hätte er es gehasst, ein hilfloses Baby zu sein. Er kam in die Kinderkrippe, ich ging wieder arbeiten.

Am Anfang zerriss es mir fast das Herz, als ich meinen Sohn der Erzieherin übergab. Wenn ich ihn weinen hörte, tauchte in meinem Kopf das Wort Rabenmutter auf. Ich sah sein kleines Gesicht am Fenster, er winkte mir zu, und ich ging mit beklommenem Herzen ins Büro. Ich hatte mich auf die Arbeit gefreut, ich hatte die Kollegen vermisst, und doch war ich dauernd abgelenkt. Ich guckte alle zehn Sekunden aufs Handy, um zu sehen, ob die Kita angerufen hatte, um mir zu sagen, dass er krank sei oder traurig. Wenn mein Mann ihn abholte, bat ich ihn, mir Fotos und Videos zu schicken. Doch mit der Zeit wurde es leichter. Er fand Freunde in der Kita, war weniger krank. Es gab immer mehr Tage, an denen ich ihn fast vergaß, sobald ich im Büro saß. Ich dachte tagsüber kaum mehr an ihn und ignorierte mein Handy. Der schönste Moment des Tages kam am Abend, wenn ich nach Hause ging und mich darauf freute, ihn wiederzusehen. Wenn ich den Schlüssel ins Schloss der Wohnungstür steckte, klopfte mein Herz vor Aufregung, als stünde eine besondere Verabredung, eine Feier bevor, und dann hörte ich seine kleinen Schritte, taps, taps, taps, und seine Stimme, »Maaaamiii«. Ich öffnete die Tür, er rannte auf mich zu und schlang seine Arme um mich. Nie hatte mich jemand so begeistert empfangen. Und zwar jeden Tag.

Sebastian und ich wollten uns unsere Arbeit gleichberechtigt aufteilen, so wie es die meisten Paare machen wollen. Wir lebten ein freieres, gleichberechtigteres Leben als meine Eltern, trotzdem stritten wir über viele Fragen: Wer bleibt zu Hause, wenn unser Sohn krank ist? Wer kauft die Hausschuhe für die Kita? Wer kauft nach der Arbeit ein? Und warum sind die Feuchttücher schon wieder alle? Ich arbeitete Vollzeit, Sebastian war Freiberufler und teilte sich die Arbeit freier ein. Ich brachte unseren Sohn morgens in die Kita, Sebastian holte ihn ab, an vier Tagen. Am fünften Tag holte ich ihn ab. Wäre ich ein Mann, hätte ich dafür Lob bekommen. Aber als Frau, die mehr arbeitete als ihr Mann, war ich eine Exotin. Wenn die anderen Mütter sich miteinander auf dem Spielplatz verabredeten, saß ich am Schreibtisch. Es gab Tage, an denen ich mich schlecht fühlte. Berufstätige Mütter neigen dazu, sich zerrissen zu fühlen, unvollständig, inkompetent. Sie können nicht dauernd Überstunden machen und kriegen zu Hause nicht alles mit, im Büro sind sie diejenigen, die früh gehen, in der Kita fehlen sie beim Sommerfest. Sie sind nie hundertprozentig da. Die zwei Seiten scheinen nicht zusammenzupassen. Es gibt Tage, an denen das schwer auszuhalten ist. Doch dann denke ich an meine Mutter, die mich kitafrei erzogen hatte, wie man heute sagen würde. Sie hatte ihren Ehrgeiz nicht aufgegeben, sondern an ihre Kinder weitergegeben. Sie lebte durch ihre Kinder, ihre Erfolge waren die Erfolge meiner Mutter. Die Liebe zu ihren Kindern war ihr Refugium und als sie auszogen, blieb sie allein. Es war meine Entscheidung gewesen, dass ich nicht so leben wollte. Ich wollte meine beiden Identitäten zusammenbringen.

Es sind fast vier Jahre vergangen, seitdem ich das neue Land betreten habe. Den unentdeckten Kontinent. Das Mutterland. Es hat gedauert, bis ich mich eingelebt habe. Nach und nach habe ich mich weiter hinausgewagt, um die neue Welt zu erkunden. Ich habe Straßen entdeckt, Wege, Boulevards und Alleen. Ich sah, dass es in diesem Land winzige, klaustrophobische Orte gibt und weite, lichtdurchflutete Plätze. Manchmal habe ich mich erschöpft gefühlt, von all den neuen Eindrücken. Von den vielen Dingen, die ich lernen musste. Es gab immer wieder Momente, in denen ich mich fremd fühlte, die Sprache nicht verstand, die Ästhetik, die Literatur, wie eine Einwanderin. Eine Außenseiterin. Die neue Umgebung hat mich müde gemacht, aber auch neugierig, je mehr ich erlebte, desto mehr wollte ich entdecken.

Vor einem Jahr habe ich ein zweites Kind bekommen. Ein Mädchen. Noch als ich schwanger war, konnte ich mir nicht vorstellen, wie es sein würde, die Liebe für meinen

Sohn mit jemand anders zu teilen. Aber mit jedem Kind öffnet sich ein Teil der Welt, ein neues Zimmer, mit anderen Wänden, einer anderen Temperatur, einer anderen Tapete, einer anderen Stimmung. Meine Tochter kam in einer eisigen Februarnacht auf die Welt, bei Vollmond, wie ihr Bruder. Sie ist eines jener Kinder, die in den ersten drei Monaten nur schlafen. Man konnte sie im Kindersitz mit ins Restaurant nehmen, und sie schlief unter dem Tisch. Sie hat dunkles Haar und einen Pony wie Amélie aus dem französischen Film. Meine Tochter hat mir ein neues Zimmer eröffnet.

Berlin, im September 2018

I

Frau sein.
Rollen und Emanzipation

Guten Morgen, ihr Schönen!

Im Internat der EOS Clara Zetkin in Eisenhüttenstadt kursierte unter den Mädchen eine Ausgabe der Zeitschrift *Mädchen*, die die Oma meiner Klassenkameradin Cynthia aus West-Berlin geschmuggelt hatte. Noch begehrter als die *Mädchen* war bei uns allerdings ein zerlesenes Exemplar von »Guten Morgen, du Schöne« der Schriftstellerin Maxie Wander. Darin erzählen neunzehn Frauen zwischen 16 und 92 Jahren von sich, über ihre Sehnsüchte und Enttäuschungen.

Ich verschlang die Protokolle, manchmal genierte ich mich fast beim Lesen, so intim, so radikal subjektiv berichteten die Frauen. Das war härter als vieles, was in *Mädchen* stand. Das Internet, das muss man dazu sagen, gab es damals noch nicht.

Die Frauen sprachen über ihre Kämpfe am Arbeitsplatz, zu Hause, mit sich selbst. Sie redeten über Männer, die sie geliebt, über Männer und Frauen, die sie begehrt hatten. Sie sagten unerhörte Sätze wie diesen: »Ich habe noch keinen Mann gekannt, der dahinterkommen wollte, wie ich wirklich bin und warum ich so bin.« Eine junge Frau, kaum älter als ich, sagte: »Die Ehe empfinde ich als Versicherungsinstitut, als Pension oder als Friedhof, je nachdem. Ich fühle mich zufriedener, wenn ich weiß, ich bin allein und muss stark sein.« Ich fühlte mich ertappt beim Lesen, denn so dachte ich damals auch.

Ich war 15 oder 16, und ich begriff nicht alles, aber ich verstand, dass das Erwachsenenleben womöglich komplizierter war als gedacht. Das Buch ist am 21. November 1977 erschienen, kurz vor Maxie Wanders Tod. Ich habe es neulich wiedergelesen und war erstaunt, wie aktuell es sich liest – vierzig Jahre später.

Es wird oft behauptet, dass Frauen in der DDR nicht darüber geklagt haben, wie schwer es war, Familie und Beruf unter einen Hut zu bringen. Sie könne das Jammern der ewig überlasteten Mütter heutzutage nicht nachvollziehen, schrieb mir eine Leserin. »Wir haben früher doch auch alles unter einen Hut bekommen«, meinte sie. Die Protokolle zeigen, dass auch die DDR-Frauen einen Preis zahlten. »Sie zahlen für ihre Unabhängigkeit mit einem schwer erträglichen Schmerz, oft mit Alleinsein, immer mit zusätzlicher Arbeitslast, meist mit schlechtem Gewissen gegenüber Mann, Kindern, Haushalt, Beruf, dem Staat als Über-Mann«, schreibt Christa Wolf im Vorwort der aktuellen Suhrkamp-Ausgabe von »Guten Morgen, du Schöne«.

Manche Frauen, die in dem Buch zu Wort kommen, könnten auch Zeitgenossinnen sein. Zum Beispiel Rosi, 32 Jahre, Sekretärin: Sie habe im Fernsehen gehört, welche Eigenschaften Wissenschaftler bei Frauen für typisch halten: Passivität, Konformismus, Ängstlichkeit, Nervosität, Gehorsam, Narzissmus. »Ich bin also ein Mann, dem ein Stückchen Schwanz fehlt«, sagt sie lakonisch. Man fragt sich, was aus Rosi, inzwischen 72, geworden ist. Und was würde sie wohl zur Sexismus-Kampagne sagen?

Heute ist die Haltung weit verbreitet, es gebe einen An-spruch auf Glück, ein Vorrecht darauf, von Krankheit, Scheitern oder Fehlern bewahrt zu werden. Wenn man sich nur genug anstrengt. Diese Denkweise gibt es in »Guten Morgen, du Schöne« nicht. Die Frauen stehen zu ihren Feh-lern, zu ihrem Versagen, sie stehen wieder auf und suchen weiter. Das hat etwas sehr Kraftvolles – und auf gute Weise Altmodisches.

Die Mütter sind schuld

Kürzlich nahm ich an einer Veranstaltung teil, bei der es um die Rolle der Väter ging. Die Tagung fand in den Nordischen Botschaften statt, mit Rednern unter anderem aus Dänemark, Schweden, Norwegen und Deutschland. Es wurden viele Zahlen präsentiert, so führte Schweden bereits 1974 eine Art Elternzeit nur für Väter ein. Also 33 Jahre vor Deutschland.

Inzwischen beanspruchen neunzig Prozent aller schwedischen Männer nach der Geburt eines Kindes einen mindestens dreimonatigen Erziehungsurlaub – das sind dreimal so viele wie in Deutschland. Ich lernte, dass sich in Norwegen fast die Hälfte der Paare die Hausarbeit teilen – hierzulande ist das überwiegend Frauensache. Wie können die deutschen Männer ein bisschen skandinavischer werden?

Der deutsche Vater, erfuhr ich, steht unter starkem Druck, er fühlt sich zerrissen zwischen seinen Rollen. Achtzig Prozent sagen laut Väterreport 2015, dass sie mehr Zeit mit ihrer Familie verbringen wollen, in der Realität sind Männer aber eher seltener zu Hause, sobald ein Kind kommt. Sie arbeiten sogar mehr als ihre kinderlosen Kollegen, fünfzig Prozent von ihnen verbringen laut Deutschem Jugendinstitut mehr als vierzig Stunden pro Woche am Arbeitsplatz – offenbar mit schlechtem Gewissen. Die Soziologin Karin Jurczyk sagt, dass Männer sehr stark unter den Spannungen zwischen Beruf und Familie leiden.

Aber der Grund, warum der deutsche Mann sich als Vater nicht ausleben kann, ist offenbar nicht sein Chef, sondern seine Partnerin. Das legt zumindest die Forschung nahe. Denn entscheidend dafür, wie Eltern sich Berufstätigkeit und Hausarbeit aufteilen, seien die Rollenmodelle der Frau, sagt die Soziologin Jurczyk. Sie sprach davon, dass oft Frauen diejenigen mit den stereotypen Vorstellungen seien, die dazu neigten, Kinder und Erziehung an sich zu reißen, »maternal gatekeeping« heiße das.

Ach, Mann! Schon wieder sollen die Mütter schuld sein? In mir regte sich Widerspruch, doch dann dachte ich an die Sätze, die ich auch schon von Frauen gehört hatte. »In den ersten drei Jahren wirst du alles allein machen, egal wie ihr euch das vorher aufteilt«, hatte eine Bekannte vor der Geburt meines ersten Kindes gesagt. Eine Freundin schrieb, es sei ihr unangenehm, das zuzugeben, aber auch sie sehe sich als Mutter als Nummer eins bei ihrem Kind und ihren Freund nur als Beiwerk.

In Skandinavien wurden die Rollenmodelle Anfang der 70er-Jahre revolutioniert, eine neue Generation von Müttern forderte die Gleichberechtigung ein. Hat der deutsche Feminismus da versagt?

Diese Frage ging mir im Kopf herum, als ich von der Konferenz zu Hause ankam. Mein Mann saß auf dem Boden und spielte mit den Kindern. Ich erzählte ihm, wie froh ich wäre, dass ich nicht eine von diesen Kontroll-Müttern sei und unsere Arbeitsteilung gut funktioniere. Dann riss ich ihm das Baby aus dem Arm, prüfte seine Windel und trug es zum Wickeltisch. Den Einwurf meines Mannes, er habe das Baby frisch gewickelt, ignorierte ich. Ich zog dem Kind eine andere Strumpfhose an, die mir besser gefiel. Als ich zurückkam, grinste mein Mann spöttisch. Dann fiel es mir auf. Ich war keine zehn Minuten im Haus und mischte mich ein, obwohl er alles im Griff hatte. Ich bin offenbar auch ein Kontrollfreak.

Frauke Petrys Baby

Als ich das Bild von Frauke Petry mit ihrem Baby das erste Mal sah, dachte ich, bei der AfD haben sie nicht aufgepasst und ein WhatsApp-Bildchen ihrer Parteichefin veröffentlicht. Als Mutter eines Neugeborenen macht man ja dauernd Selfies von sich und dem süßen kleinen Baby und nervt dann alle damit. Ich gehöre auch zu diesen peinlichen Müttern.

Aber dann las ich, dass es sich nicht um ein Versehen handelte, sondern um ein mögliches Wahlplakat der Vorsitzenden, das vorab verbreitet wurde. Es wirkt trotzdem seltsam, zumal die 42 Jahre alte Petry nicht herzlich oder zufrieden auf dem Foto aussieht, sondern eher kühl und berechnend. Mir tat der kleine Junge leid, der sich noch nicht dagegen wehren kann, dass seine Mutter mit ihm für ihre rechtspopulistische Partei wirbt. »Und was ist Ihr Grund, für Deutschland zu kämpfen?«, steht auf dem Plakat. Was wohl ihre vier anderen Kinder dazu sagen, die aus ihrer früheren Ehe stammen? Sind sie es nicht wert, für sie zu kämpfen?

Nun kommt es immer wieder vor, dass Politiker ihre Kinder, kleine und große, für ihre Zwecke einspannen, man erinnere sich an Oskar Lafontaine, der 1999 nach seinem Rücktritt mit seinem Sohn auf den Schultern für die Kameras posierte, an Christian Wulff, der im Landtagswahlkampf in Niedersachsen mit seiner kleinen Tochter warb, oder den früheren Berliner CDU-Chef Frank Henkel, der im vergangenen Jahr mit seinem Sohn Werbung machte. Dass Petry nicht die Erste ist, die ihr Kind politisch benutzt, macht es nicht besser, es bekommt aber durch ihr Geschlecht einen neuen, frauenfeindlichen Anklang. Frauke Petry inszeniert sich als Mutter und bringt sich damit gegen ihre kinderlosen Konkurrentinnen, innerhalb und außerhalb der eigenen Partei, in Stellung. Alice Weidel, die AfD-Spitzenkandidatin, hat keine leiblichen Kinder, auch CDU-Chefin Angela Merkel, die Linken-Spitzenkandidatin Sahra Wagenknecht und die Grünen-Politikerin Renate Künast sind kinderlos. Zuletzt hat eine britische Tory-Politikerin namens Andrea Leadsom diese Taktik angewandt, als sie sich gegen die kinderlose Theresa May im Wettbewerb um den Parteivorsitz profilieren wollte. Mit ihrer Behauptung, durch ihre Erfahrung als Mutter sei sie besser für den Posten geeignet, löste sie eine breite Diskussion aus, unter Druck gab sie auf.

Frauke Petry greift mit ihrem Plakat Ressentiments auf, die gegen kinderlose Frauen in der Gesellschaft existieren – weit über das AfD-Wählerspektrum hinaus. Frauen sind daran gewöhnt, ab einem gewissen Alter nach ihrem Kinderwunsch gefragt zu werden, gern auch von Fremden, gern auch ohne Anlass. Ab dreißig kommt kein Gespräch ohne den Hinweis auf die biologische Uhr aus. Es erfordert Stärke und Selbstbewusstsein, sich dem Druck zu entziehen. Wenn eine Frau es trotzdem wagt, offen und fröhlich zu antworten, dass sie kein Kind wolle, gilt sie als komisch, als gefährlich. Schon die Sprache ist verräterisch, Frauen sind kinderlos, ihnen fehlt also etwas, sie tragen einen Makel.

Zur Freiheit, die Frauen haben sollten, gehört auch, sich gegen das Muttersein zu entscheiden. Die meisten wünschen sich ja Kinder, die Geburtenrate steigt, auch ohne AfD, darum muss sich Frauke Petry nicht sorgen. Männer werden übrigens nie oder nur sehr selten nach ihren Fortpflanzungswünschen gefragt.

Mütter und Mumien

Wann Frauen ein Kind bekommen sollen, dazu hat jeder eine Meinung, nicht zu früh, sonst kommt man im Beruf nicht weiter, nicht zu spät, sonst schadet es dem Kind. Viele junge Frauen entziehen sich, indem sie eine Entscheidung aufschieben oder erst gar nicht Mutter werden. Dass die Geburtenrate in Deutschland dennoch steigt, liegt überwiegend an Ausländerinnen, die mehr Nachwuchs bekommen.

Ich war vierzig, als mein erstes Kind geboren wurde, und gehöre damit zu jener Gruppe, die man »späte Mütter« nennt. »Mütter werden immer älter«, stellte *Spiegel Online* fest. Ein Schicksal, das sie mit vielen teilen. Späte Mütter sind eine wachsende Gruppe, inzwischen gibt es mehr Frauen, die bei der Geburt des ersten Kindes vierzig oder älter sind, als Frauen, die mit unter 18 Mutter werden. Man könnte das gut finden, wenn man bedenkt, dass man mit vierzig wahrscheinlich finanziell und seelisch besser ausgerüstet ist, sich auf ein Kind einzulassen, als wenn man selbst noch fast eins ist. Aber das wäre zu einfach.

Späte Mütter sind ein Feindbild, sie kommen gleich nach Veganern, Trump-Verstehern und Impfgegnern. Sie gelten als selbstsüchtig, karrierefixiert, kontrolliert und überängstlich. »Späte Mütter: Eine Zumutung fürs Kind?«, fragte eine Frauenzeitschrift kürzlich. Caroline Beil, eine Fernsehmoderatorin, musste sich neulich in einer Show mit dem Titel »Alles erreicht – dann noch ein Baby« dafür rechtfertigen, dass sie mit fünfzig ein zweites Kind erwartet. Sie hat, so sagt sie selbst, alle medizinischen Möglichkeiten ausgeschöpft. In anderen Lebensbereichen wird das akzeptiert, nur wenn es um Embryos geht, drehen alle durch. Caroline Beil wird als Mumie beschimpft. Sie sei Mutter und Oma in einem, lautet ein Kommentar.

Bei mir kam der erste Kinderwunsch mit etwa dreißig, aber der Mann damals wollte keins. Und weil das Leben kein Busfahrplan ist, dauerte danach alles etwas länger, als ich mir das vorgestellt hatte. Ich suchte nach einem Partner, der ein gleichberechtigter Vater sein wollte. Gar nicht so einfach. Das wird ja oft unterschlagen, dass Männer die Familiengründung auch aufschieben. Das durchschnittliche Alter, wann sie Vater werden, wird in Deutschland nicht mal regulär erhoben. Wie alt Frauen beim ersten Kind sind, wird jährlich erhoben: 31 Jahre, so der aktuelle Stand.

Ich weiß nicht, ob es besser gewesen wäre, wenn ich früher ein Kind bekommen hätte, weil mir der Vergleich fehlt. Manchmal kommt es mir vor, als liefe mein Alltag mit einer anderen, nicht upgedateten Software. Manche Freunde leben ohne Kinder, die anderen mit Teenagern zu Hause. Sie reden über erste Freunde, das Austauschjahr im Ausland, während ich Windeln wechsele und auf Spielplätzen herumhänge. Gemeinsame Unternehmungen sind schwer zu organisieren, weil der Rhythmus mit kleinen Kindern anders ist. Wir stehen auch am Wochenende morgens um sechs auf und essen um halb zwölf Mittag.

Ich werde 58 Jahre alt sein, wenn mein Sohn 18 wird.

Vielleicht werde ich als Oma auf seiner Abiturfeier be-
grüßt. Ist das so schlimm? Werde ich ihm peinlich sein? Ich
hoffe doch. Meine Eltern waren mir mit 18 peinlich – und
die waren vierzig. George Clooney wird übrigens 71 sein,
wenn seine Zwillinge 18 werden.

Papa beim Sportkurs, Mama in der Küche

Ich war neun oder zehn Jahre alt und saß in der POS Schule des Friedens im Bezirk Frankfurt/Oder, als ich mein erstes Geschenk zum Internationalen Frauentag bekam. Mein Sitznachbar Marko Witte gab mir ein besticktes Stofftaschentuch. Damals benutzte man Stofftaschentücher, die in großen Töpfen erst ausgekocht, dann gebügelt und zusammengefaltet wurden. Vielleicht klingt es im Nachhinein etwas naiv, aber ich war stolz, dass die Jungs den Mädchen ein Geschenk zum Frauentag machten. Im Unterricht behandelten wir an dem Tag den Flug von Valentina Tereschkowa, der ersten Frau im Weltall. Mädchen, so dachte ich, kommen überallhin. Inzwischen sind einige Jahre vergangen, und für Frauen ist es wahrscheinlicher, in der Küche und im Kinderzimmer als auf dem Mond zu landen. Anders gesagt: Gleichberechtigung zwischen Mann und Frau existiert, solange eine Frau kein Kind bekommt.

Ich hatte als junge Redakteurin einen Kollegen, der stets als Letzter am späten Abend das Büro verließ. Lange dachte ich, er arbeite an einem wichtigen Projekt. Dann sah ich, dass er am Rechner Solitär spielte. Er warte, bis seine Kinder im Bett seien, sagte er. An den Kollegen musste ich denken, als ich kürzlich eine OECD-Studie las, die feststellte, dass 66 Prozent der deutschen Väter mehr als 40 Stunden pro Woche arbeiten. In keinem anderen Land Europas außer Italien und Slowenien verbringen Männer mehr Zeit im Büro. Manche arbeiten nach der Geburt eines Kindes noch mehr, so wie mein Kollege.

Eine andere Studie zeigt wiederum, dass Mütter in keinem anderen europäischen Land so selten berufstätig sind wie in Deutschland. Vierzig Prozent der Frauen verbringen nach Rückkehr aus dem Erziehungsurlaub weniger als zwanzig Stunden am Arbeitsplatz, aber zu Hause übernehmen sie zwei Drittel der Haushaltsarbeit und Kinderbetreuung. Das kann sich später rächen, wenn die Beziehung zerbricht, spätestens bei der Rente. Alle Versuche, die Muster aufzubrechen, Elterngeld, Vätermonate, scheinen sie eher zu verfestigen. Zwar gibt es auch das sogenannte Elterngeld Plus, das beiden Teilzeitarbeit nach der Geburt ermöglichen soll, aber es ist so kompliziert, dass es kaum jemand beansprucht.

Mütter bleiben ein Jahr nach Geburt eines Kindes zu Hause, oft auch, weil es sich so gehört. Sie entwickeln mehr Bindung, mehr Routine. Papa kann stillen, heißt ein bekanntes Buch eines Berliner Paares, das sich die Arbeit und Kindererziehung gleichberechtigt aufteilt. Es ist ein spannendes Modell und sehr, sehr selten. Papa stillt nicht, Papa geht höchstens zum Sportkurs, am Wochenende.

Es gibt praktische Gründe, die für die klassische Rollenverteilung sprechen. Wegen des Ehegatten-Splittings, über das alle schimpfen, das aber keiner abschafft, ist es steuerlich günstiger, wenn nur einer voll arbeitet. Meistens ist das der Mann. Viele Kitas schließen um 16 Uhr, sodass Vollzeit für beide nur geht, wenn man eine zuverlässige Oma

76

hat oder sich ein Au-Pair leisten kann. Wer sich alles teilt, muss viel diskutieren: Wer geht mit dem Kind zum Impfen, wer bleibt zu Hause, wenn es krank ist, wer kauft Hausschuhe für die Kita? Keiner reißt sich um diese Aufgaben. Es ist weniger anstrengend, wenn von vornherein klar ist, wer wofür zuständig ist. Ob das glücklich macht, Mütter wie Väter, ist eine andere Frage.

Väter, die helfen

Kürzlich fragte mich eine Kollegin, die ich traf, wie lange ich denn Elternzeit genommen hätte. Ich erwiderte: acht Monate. Und ich sah, wie die Mundwinkel meiner Kollegin nach unten sanken, als zögen unsichtbare Seilwinden daran. »Oh«, sagte sie. Ich wusste nicht, was »oh« bedeutete, aber es war klar, dass es nichts Gutes war. Ich unterdrückte das Gefühl, mich dafür rechtfertigen zu müssen, dass ich nicht ein volles Jahr zu Hause bleiben würde wie die meisten deutschen Frauen.

Voller Mitleid sah meine Kollegin, selbst Mutter eines erwachsenen Sohnes, meine kleine Tochter an, die neben ihr im Maxi-Cosi saß. »Aber was wird aus ihr?«, fragte die Kollegin besorgt. »Muss sie denn schon in die Krippe?«

Es klang so, als wäre die Krippe eine kaum bessere Lösung als die Betreuung eines sieben Monate alten Babys durch ein Brandenburger Wolfsrudel. Es schien meiner Kollegin nicht in den Kopf zu kommen, dass es noch eine andere Möglichkeit gab. »Mein Mann wird sich um sie kümmern«, sagte ich. Er werde auch nach der Elternzeit weniger arbeiten als ich, sich mehr um die Kinder kümmern.

Die Mundwinkel meiner Kollegin schnellten hoch. Sie freute sich so, als hätte ich ihr mitgeteilt, dass die Pandas vor dem Aussterben gerettet und die Nordkorea-Krise gelöst seien. »Das ist ja fantastisch, toll.« Es gefalle ihr sehr, wenn Männer bei der Erziehung mithelfen, sagte sie. Helfen, das klang, als würde mein Mann so eine Art Ehrenamt übernehmen, als würde er sich aus Gutherzigkeit um etwas kümmern, was eigentlich außerhalb seiner Verantwortung lag.

Mich lobte sie nicht. Aber ich kam mir ja selbst mies vor, weil ich mich darauf freute, wieder ins Büro zu gehen. Ich kenne Frauen, die einen Wettkampf aus dem Muttersein machen. Wer bäckt die beste Geburtstagstorte? Wer hat die besten Bastelideen? Da lande ich eher auf den hinteren Plätzen.

Ähnliche Gespräche wie mit meiner Kollegin habe ich seitdem oft geführt. Es sind fast immer Frauen, die gar nicht in Betracht zu ziehen scheinen, dass Männer auch mehr als die üblichen zwei Monate Elternzeit nehmen könnten. Meistens legen Männer die Elternzeit so, dass sie gemeinsam mit ihrer Partnerin zu Hause sind. Das bedeutet dann oft, dass Papa zwei Stunden am Vormittag mit dem Tragetuch rausgeht, sich aber sonst wenig kümmern muss – weil Mama ja sofort zur Stelle ist, wenn das Baby weint.

Wenn ich die Zahlen studiere, dann sind mein Mann und ich eine große Ausnahme. 60 Prozent aller Paare mit kleinen Kindern unter drei wollen sich die Pflichten in Haushalt und Beruf gleichmäßig teilen. Nur 14 Prozent machen das auch, so steht es im Väterreport der Bundesregierung. 80 Prozent aller Väter wollen gerne weniger arbeiten, um mehr Zeit mit der Familie zu verbringen, aber nur neun Prozent aller Männer arbeiten Teilzeit. Drei Viertel aller

Frauen mit kleinen Kindern kehren nur für wenige Stunden an den Arbeitsplatz zurück, sie erledigen freiwillig die meiste Arbeit im Haushalt. Väter helfen.

Ich sitze am Schreibtisch und schaue auf meine Tochter, die noch nicht ahnt, was es bedeutet, eine Frau und vielleicht eine Mutter zu sein. Es wäre schön, wenn sie und ihr Bruder es irgendwann einmal unvorstellbar finden, dass es solche Zeiten der Ungleichheit gegeben hat.

Die Legende von den neuen Vätern

Kürzlich saß ich in einer Runde in Prenzlauer Berg, lauter gut ausgebildete Frauen. Alle waren schwanger. Sechs von zehn sagten, dass ihre Partner nach der Geburt keine Elternzeit nehmen wollen, obwohl sie, die Schwangeren, sich das anders vorgestellt hatten.

»Ich dachte, wir würden uns die Elternzeit paritätisch aufteilen, damit ich wieder an die Arbeit zurückkann«, sagte eine 27-Jährige, seit kurzem Chefin ihrer Abteilung.

Ich hörte zu, wurde unruhig. Wo war ich gelandet? Westdeutschland, 1970? Erlebten wir nicht angeblich eine neue Welle des Feminismus? Ich weiß gar nicht, auf wen ich mehr wütend war, auf die Väter oder auf die Mütter. Zehn Jahre ist es her, dass Elternzeit und Elterngeld eingeführt wurden, auch, um Männer stärker in die Pflicht zu nehmen. Ein Drittel aller Väter nimmt Elternzeit, achtzig Prozent davon aber nur für zwei Monate. Vom Bundesfamilienministerium wird das als Erfolg gefeiert.

Die Partner der Frauen aus meiner Runde gehörten zur Mehrheit, die nach der Geburt ihres Kindes ins Büro zurückkehren, während Mutti zu Hause mit Milchseen, Wäschebergen und Erschöpfung ringt. Was hält die Männer davon ab, ein paar Monate auszusteigen? Warum haben sie offenbar keine Lust, sich um ihre Kinder in der besonderen ersten Zeit zu kümmern? Angst vor Karrierenachteilen? Angst vor Verweiblichung, wenn sie sich zu gut mit Kochen und Babykleidung auskennen?

Das Wissenschaftszentrum Berlin hat in einer Studie herausgefunden, dass Väter, die zwei oder mehr Monate Elternzeit nehmen, kein Geld im Job verlieren. Trotzdem bleibt alles beim Alten: Ein guter Papa ist der, der das Geld verdient. Weil Kinderaufzucht nicht als Arbeit gilt, sondern als Hobby, als Urlaub.

Ich war auch verärgert über die Frauen vor mir. Warum ließen sie sich das bieten, warum forderten sie nicht mehr Mitarbeit ein? Wie soll sich jemals etwas ändern im Geschlechterverhältnis, wenn nicht einmal diese klugen, gut ausgebildeten Frauen ihre Bedürfnisse artikulieren, sobald sie Mutter werden?

Es wäre vielleicht okay gewesen, wenn ich den Eindruck gehabt hätte, dass die Paare vorher über die Aufteilung geredet hätten. Gut möglich, dass manche Mütter glücklicher sind, wenn sie sich nach der Geburt ein Jahr ausschließlich ums Baby kümmern können. Vielleicht finden sie es auch okay, danach nur noch wenige Stunden Teilzeit zu arbeiten, mit allen Einbußen, die das mit sich bringt. Die Frauen aber wirkten überrumpelt, suchten nach Entschuldigungen: »Mein Freund hat gerade den Job gewechselt.« »Mein Freund arbeitet in einem Start-up, da ist es nicht üblich, dass man Elternzeit nimmt.« Oder: »Er ist so unpraktisch, er würde zu Hause nur stören.« Sie redeten über ihre Männer, als wären sie anstrengende Kleinkinder. Frauen machen das öfter, wenn sie über Männer reden, auch eine Art, einer Auseinandersetzung aus dem Weg zu gehen.

Es gibt die Theorie, dass Männer gern mehr Zeit mit ihrem Kind und Kinderbrei, mit Windeln und Lego verbringen würden, dass sie aber von den Frauen, diesen fiesen Kontrollfreaks, davon abgehalten würden. »Maternal gatekeeping« sagt man dazu auf Englisch. Klar, logisch, das machen Frauen seit zweitausend Jahren, dass sie die besten Jobs für sich reklamieren.

Eine altmodische Geste

Neulich am Alexanderplatz. Weil ich es eilig hatte, war ich die Treppenstufen zur U-Bahn heruntergelaufen, ohne eine Pause einzulegen. Das hätte ich nicht tun sollen. Treppen mögen mich nicht mehr. Als ich in den Wagen einstieg, schnaufte ich wie eine Dampflok, alles tat weh. Die Bahn war voll. Ich schaute mich um, ob vielleicht einer aufstehen würde, um mir seinen Sitz anzubieten. Vielleicht der junge Mann vor mir? Über seinem Platz klebte ein Zeichen mit einem blauen Kreuz, das Krankenhaus-Kreuz. Ich war nicht krank, ich war schwanger, und zwar in dem Stadium, in dem man den Bauch nicht mehr mit einem Käsespätzle-Gürtel verwechseln kann.

Der junge Mann sah freundlich aus, bestimmt war es einer, der später mal seine Vätermonate genießen und vom Windelwechseln schwärmen wird. Er starrte mich an, erst meinen Bauch, dann mein Gesicht, dann seinen Handy-Bildschirm. Ich verstehe, wie irritierend es sein muss, so einen Bauch zu sehen. Eine Schwangerschaft ist ja etwas sehr Altmodisches, Archaisches, Unpraktisches, so wie Schreibmaschinen oder Religion. Warum hat eigentlich noch niemand eine technische Lösung dafür gefunden?

Ich lehnte mich an die Tür, schloss die Augen und atmete langsam ein und aus. Dann schaute ich mich um, keiner regte sich. Wahrscheinlich hatten diese jungen Menschen auf den Bänken alle Knieschäden. Ich war das zweite Mal schwanger, und noch nie hatte mir jemand in Bus und Bahn einen Platz angeboten. Freundinnen berichteten Ähnliches. Das war keine Klage, nur eine Feststellung. Vielleicht erwartete ich auch zu viel. Vielleicht musste ich froh sein, dass mich noch niemand die Treppen im Bahnhof heruntergeschubst hat. Am Moritzplatz wurde ein Platz frei, eine Mutter drückte ihre etwa zehn Jahre alte Tochter hinein. Ich erinnerte mich noch an Zeiten, als Kinder für Erwachsene aufstanden. Aber ich war auch schon sehr alt. Ich atmete ein, ich atmete aus, wahrscheinlich wurde ich wieder etwas lauter, ein Mann mit einer Tasche eines Biosupermarktes guckte mich an, wie man ein krankes Nashorn anguckt. Mein Mann fand später, ich hätte doch jemand um einen Platz bitten können. Dazu muss man wissen, dass mein Mann ein Engländer ist, der lieber den ganzen Tag durch eine Stadt irrt, bevor er jemand Fremdes anspricht. In der Londoner U-Bahn gibt es für Schwangere Sticker, die sie sich ans Revers stecken können, um andere Fahrgäste darauf aufmerksam zu machen, dass sie vielleicht einen Sitzplatz nötig hätten. Ich fand das früher albern, als würde man sich kennzeichnen wie einen Gefahrenlaster, jetzt frage ich mich, ob die BVG nicht auch solche Sticker einführen sollte.

Eine Freundin sagte, es sei alles ein Missverständnis. Die Berliner hätten jahrelang Feminismus-Debatten trainiert, sich eine gendergerechte Schreibweise angewöhnt und wollten nichts falsch machen. Meine Mitpassagiere seien verunsichert und hätten Angst, ich könnte es als Herrschaftsgeste empfinden, wenn sie mir einen Platz anböten. Später, auf einer anderen Linie, bot mir dann zum ersten Mal jemand einen Platz an. Ein junger Türke.

Mami, Papi, Co-Parent

Mann, Frau, verheiratet, zwei Kinder, meine Familie ist ein Auslaufmodell wie Telefonzellen oder Teewurst. Es ändert sich was. Ich merke das in meinem Bekanntenkreis. Die Tochter eines befreundeten Paares ist aus einer Eizellen-Spende entstanden. Weil das in Deutschland nicht erlaubt ist, sind die Eltern nach Polen gefahren. Eine Freundin aus England war Ende dreißig, als sie merkte, dass sie gerne ein Kind wollte, aber keinen Partner fand. Sie wollte lieber ein Kind allein großziehen, als auf die Erfahrung zu verzichten. Sie hat den Vater ihrer Tochter schließlich in einer Datenbank entdeckt. Er sollte blaue Augen und einen Uni-Abschluss haben sowie mindestens ein Musikinstrument spielen. Sie entschied sich für die Samenspende eines dänischen Arztes. Den Namen darf die Tochter erfahren, wenn sie volljährig ist.

Eine lesbische Bekannte zieht ein Kind mit einem Kumpel groß. Das Sorgerecht haben allerdings sie und ihre Partnerin, nicht der Vater. Das Kind hat also zwei Mütter und einen Vater. Eine andere Freundin hat ein Kind mit ihrem besten Freund bekommen, es wohnt mal bei ihr, mal bei ihm.

Der neue Trend heißt Co-Parenting, das stammt aus dem Englischen und heißt übersetzt etwa Co-Elternschaft. Das bedeutet, zwei oder auch drei Menschen tun sich zusammen, um ein Kind aufzuziehen, ohne Liebe, ohne Sex. Klingt wie eine superfeministische Neuauflage der Vernunftehe. Sehr vernünftig, sehr unromantisch. Obwohl Romantik auch in unserer traditionellen Kleinfamilie oft nur so aussieht, dass wir zusammen vor Netflix auf dem Sofa einschlafen. »Eltern- und Paarsein zugleich ist für zwei Menschen zu viel«, sagt der Berliner Jochen König, der viel über Co-Parenting bloggt. Er selbst hat zwei Töchter, die er gemeinsam mit zwei verschiedenen Müttern großzieht.

In der *New York Times* habe ich gelesen, dass das neue Familienmodell inzwischen auch in die klassische Mutter-Vater-Kind-Familie hineinwirkt. Junge Paare in New York reden von sich selbst nicht mehr als Mommy oder Daddy, sondern als Co-Parent. Das neutrale Wort soll helfen, von den kulturellen Zuschreibungen wegzukommen, von den Rollen, die einem diese Wörter anheften. Mami ist fürsorglich, aufopferungsvoll, kann gut trösten und die Wäsche waschen. Papi ist entspannt, spielt in einer Band und repariert Rennräder. Das ist der Klang der traditionellen Kleinfamilie, den man abschalten will.

Viele Familien rutschen nach der Geburt eines Kindes in festgefahrene Rollen. Als mein Sohn sehr klein war, musste ich an einem längeren Text arbeiten. Wenn er weinte, stand mein Mann neben mir und wusste nicht, was er machen sollte. Er glaubte, ich könnte ihn besser beruhigen. So als Mutter. Und so kam es, dass ich eine Zeit lang die Einzige war, die das Baby beruhigen konnte. Ich konnte das aber nicht besser, weil ich die Mutter war, sondern weil ich mehr Übung hatte, das war alles. Nach einer Weile hatte mein Mann das nachgeholt.

Co-Elternteil, die deutsche Übersetzung, klingt allerdings nicht ganz so cool amerikanisch wie Co-Parent, sondern nach Co-Pilot, ein bisschen umständlich. Wie etwas, was sich das Bundesfamilienministerium ausgedacht hat. Soll mein Sohn mich künftig mit »Co-Elternteil« anreden? Soll ich beim Kinderarzt anrufen und sagen: »Ich bin der Co-Elternteil von Archiebald?« Ich weiß es nicht. Ich stecke noch in den alten Rollen fest.

Wonderdaddys sind einsam

Mein Mann hat früher davon geträumt, Rockstar zu werden. Daraus wurde nichts. Aber er wurde Vater – und bekommt jetzt womöglich sogar mehr Aufmerksamkeit. Wonderdaddy nennen ihn meine Freundinnen, weil er, wenn ich weg bin, abends das Baby und das Kleinkind allein ins Bett bringt. Die Bäckereiverkäuferin gibt ihm einen Kaffee aus, wenn er mit dem Baby kommt. Die Schwester beim Kinderarzt macht ihm Komplimente. Ich freue mich für ihn. Wirklich. Und nein, ich frage mich nie, nie, nie, warum ich keine Komplimente bekam. Wenn Mütter sich kümmern, fällt das niemandem groß auf. Wenn Männer sich kümmern, flippen alle aus. Wäre mein Mann Journalist, hätte er wahrscheinlich längst ein Buch geschrieben. Wenn man sich die Zahl der Väterbücher anguckt, könnte man auf den Gedanken kommen, es gebe gar keine Mütter mehr.

Mein Mann hat sechs Monate Elternzeit genommen. Das ist in Berlin gar nicht so selten. Hier nehmen überdurchschnittlich viele Väter mehr als die üblichen zwei Monate Auszeit. Mein Mann macht gerade morgens die Eingewöhnung mit dem Baby, am Nachmittag holt er unseren Sohn aus der Kita, danach steht er mit den ein, zwei anderen Vätern auf dem Spielplatz. Wonderdaddys sind manchmal einsam. Der eine Vater ist ein Dramatiker, der aus Thüringen stammt. Der andere kommt aus der Schweiz. Ein Ostdeutscher und zwei Ausländer.

Meist fangen die Schwierigkeiten aber nach der Elternzeit an. Obwohl sich viele Paare Erziehung und Hausarbeit gleichberechtigt aufteilen wollen, klappt das nicht so. Selbst wenn die Mutter Vollzeit arbeitet, wird sie angerufen, wenn das Kind Fieber hat, ist verantwortlich für Arzttermine, Verabredungen mit anderen Kindern, Organisation von Geburtstagen, Geschenken. Eine kleine, nicht repräsentative Umfrage unter anderen Müttern mit kleinen Kindern ergab, dass viele damit kämpfen. Wer kocht, wer putzt, und warum sind die verdammten Feuchttücher schon wieder alle? Eine Freundin schreibt, dass sie siebzig Prozent der Hausarbeit stemmt. »Da hängt er vorm Sofa ab, und man muss um zwei Aufgaben betteln, während man selber pausenlos kocht, putzt, Kinder umsorgt. Da fallen oft Sätze wie: Hab ich nicht gesehen. Du kannst das doch besser. Das hast du schon dreimal gesagt, in der Zeit hättest du das schon längst selber machen können.« Eine andere schreibt: »Wann immer sich mein Mann um unseren Sohn kümmern soll, setzt er ihn drei Stunden vor die Glotze oder stopft ihn im Café mit Kakao voll. Ist das was Gendermäßiges?«

Selbst die Eltern, die sich Putzen und Kochen aufteilen, wundern sich, in was für eine traditionelle Rollenverteilung sie gerutscht sind. »Und über meinen Opa habe ich mich immer lustig gemacht: wenn Oma mal ins Krankenhaus muss, findet der nicht das Geschirr im Küchenschrank. Aber selbst habe ich noch nie gebohrt und einen Dübel in die Wand bekommen«, sagt eine Freundin. Vielleicht ist es schon ein Fortschritt, dass die Unterschiede auffallen, dass man sich auflehnt und sie nicht stoisch hinnimmt. Während ich das schreibe, bekommt mein Mann einen Anruf. Die Kita ist dran, um etwas über die Eingewöhnung unserer Tochter zu besprechen. Ich wurde gar nicht angerufen. Ich muss zugeben, dass ich erst ein bisschen beleidigt war. Dann aber froh. Wonderdaddys, macht ihr mal.

Schöne Grüße aus dem Paralleluniversum

Im Februar 2018 war ich in Berlin bei einer Veranstaltung, bei der es um Vereinbarkeit von Familie und Beruf ging, »Mummy & Money«, hieß der Titel. Ich ging hin, weil ich dachte, ich würde womöglich ein paar Tipps bekommen oder auch nur hören, wie andere Mütter kleiner Kinder das mit Büro und Kita hinkriegen. Wie naiv.

Auf dem Podium saßen eine Start-up-Unternehmerin, eine prominente Hebamme, eine Managerin und eine Buchautorin, lauter gut geschminkte, modisch gekleidete Frauen um die 30. Alle haben ein bis zwei Kinder unter drei Jahren. Eingeladen hatte eine Frauenfitness-Kette, die um Kundinnen werben wollte. Die Mütter auf dem Podium sagten, dass sie selber gar nicht ins Fitnessstudio gehen. »Ich trainiere lieber zu Hause mit einem Personal Trainer, weil das mit den Kindern besser passt«, sagte Franziska von Hardenberg, die als Gründerin des Blumenversands Bloomy Days bekannt geworden ist. Auch zwei andere trainierten lieber privat.

Die Frauen erzählten weiter, wie sehr sie ihre Kinder liebten, wie wichtig es für sie aber auch sei, in ihren Berufen weiterzukommen. Franziska von Hardenberg berichtete, dass sie drei Monate nach der Geburt ihres ersten Kindes wieder am Schreibtisch saß. Zur Betreuung ihrer Tochter engagierte sie eine Nanny. Louisa Baron, Marketingchefin bei den Galeries Lafayette, arbeitete vor der Geburt ihres Sohnes fünfzig bis sechzig Wochenstunden. Nach der Geburt habe sie sich gefragt, wie sie ihre Führungsrolle mit dem Mutterdasein vereinbaren kann. Inzwischen arbeite sie dreißig Wochenstunden, im gleichen Job, das sei alles gar kein großes Problem, dank der Unterstützung der Firma.

Ich komme aus dem Osten, für mich ist es selbstverständlich, als Mutter zu arbeiten, auch ohne Nanny. Ich fand es seltsam, dass die Frauen auf dem Podium ihre Entscheidung als Lifestyle verkauften. Frauen, die arbeiten müssen, um Geld zu verdienen? Ja, so ein Pech.

Hebammenmangel, Teilzeitfalle, fehlende Kitaplätze, Altersarmut, das wären alles brisante Themen, doch darum ging es bei den Frauen nicht. Sie redeten lieber darüber, wie sie Zeit für die Maniküre finden. Me-Time war das Stichwort. Wenn erfolgreiche Frauen sich offenbar so wenig für strukturelle Benachteiligungen interessieren, wie soll sich je was verbessern? Die Einzige, die politischer wurde, war die Schwedin Malin Elmlid, Autorin des Buches »Mein persönlicher Mutterpass«. Sie sagte, dass die Rollenverteilung in Deutschland im Vergleich zu Schweden eher traditionell sei. In Schweden gebe es beispielsweise schon seit 1974 Erziehungsurlaub für Väter.

Männer kamen bei den Supermoms eher nur als Randfiguren vor. »Ich hätte nie drauf gedrungen, dass mein Mann Elternzeit macht«, sagte Franziska von Hardenberg. Immerhin hätte er ihr keinen Druck gemacht, dass sie mit Kind zu Hause bleiben solle. »Das sehe ich oft im Bekanntenkreis, dass die Männer erwarten, dass die Frau ein Jahr zu Hause bleibt, weil das Kind sonst traumatisiert wird.«

Je länger ich zuhörte, desto ratloser wurde ich. Der perfekte Body, die perfekte Geburt, das perfekte Kind, die perfekten Nägel, darum schien sich ihre Welt zu drehen. Ich werde wahrscheinlich keine Supermom mehr.

Das Märchen vom Nacheinander-Prinzip

Kürzlich las ich in der Zeitung, wie man das Familien- und Berufsleben entspannter gestalten kann. Zwischen Kita und Büro hin- und herzurennen, oft ohne Hilfe von Groß- eltern, bringt viele Eltern an die Grenze der Belastbarkeit. »Vereinbarkeit ist ein beschönigendes Wort für etwas, das sich in Wirklichkeit oft anfühlt wie Zerrissenheit«, schreibt die Autorin Eva Corino. Phasen der Entspannung und der äußersten Anspannung aller Kräfte seien heute zu ungleich über den Lebenslauf verteilt.

Sie plädiert für eine andere Herangehensweise, sie nennt es das Nacheinander-Prinzip, hat ein gleichnamiges Buch veröffentlicht. Man soll erst seine Kinder bekommen, sich rundum um sie kümmern, am besten aus dem Beruf aus- steigen, und dann, wenn die Kinder größer sind, im Job durchstarten. Da die Menschen heute älter werden, sei das problemlos möglich. »Leben wir nach diesem Prinzip, kön- nen wir unsere Kinder in Ruhe begleiten. Und wir können uns beruflich verwirklichen, ohne den mörderischen Stress der Rushhour des Lebens zu erleiden«, schreibt sie. Das klingt schön, fast zu schön. Aus ostdeutscher Sicht, wo es normal war, dass Frauen früh Kinder bekommen und trotz- dem arbeiten, ist der Gedanke geradezu absurd.

Nach allem, was ich bisher gelesen habe, lässt Eva Corino einen Aspekt völlig aus: dass die Zerrissenheit vor allem Frauen betrifft. Männer haben kein Problem, Familie und Karriere zu vereinbaren, dazu muss man sich nur in einem beliebigen Büro umschauen. Und auch die Vorstellung, dass Mütter womöglich gern arbeiten gehen, nicht nur wegen des Geldes, sondern auch wegen der geistigen Anregung, der Kontakte, der Anerkennung, scheint für die Autorin völlig unvorstellbar zu sein.

Während ich ihren Text las, fiel mir eine Bekannte ein. Sie hat es genau so gemacht, wie Eva Corino es vorgeschlagen hat. Mit 25, nach dem Germanistik-Studium, bekam sie ihr erstes Kind, drei Jahre später das zweite. Sie blieb mit ihnen zu Hause, der Mann verdiente das Geld. Inzwischen ist sie 37, sie will in die Verlagsbranche, aber ihr fehlt Berufserfahrung. Zu Bewerbungsgesprächen wird sie nicht mal eingeladen. Zu alt, zu unerfahren. So sieht das Nacheinander-Prinzip dann in der Realität aus. Was ist das für eine Vorstellung, man könnte das Leben so organisieren wie einen Baukasten und am Ende wartet das große Glück? Vielleicht gibt es auch Leute, die mit 25 noch gar kein Kind wollen?

Ich möchte das der Autorin nicht unterstellen, aber ihr Modell ist unter den derzeitigen Strukturen eher dazu gemacht, klassische Rollenmodelle zu verfestigen. Denn das Problem ist nicht der »Gleichzeitigkeitswahn«, wie Corino schreibt, sondern die Ungleichheit zwischen Männern und Frauen. Väter nehmen zwar Elternzeit, aber meist nur zwei Monate, und danach läuft es so: Er arbeitet Vollzeit, treibt die Karriere voran, sie arbeitet Teilzeit und macht beruflich Abstriche. Viel besser wäre es, wenn Väter und Mütter eine Zeit lang weniger arbeiten könnten, unter dem Konzept Familienarbeitszeit hat die Soziologin Jutta Allmendinger dafür Vorschläge erarbeitet.

Wenn man wirklich etwas ändern will, sollte man Frauen keine Nacheinander-Märchen erzählen, sondern ihnen raten, sich die Männer, mit denen sie ein Kind bekommen wollen, gut anzugucken: Wäre der Vater in spe bereit, die Aufgaben im Haushalt und bei der Kindererziehung mit mir zu teilen? Oder ist ihm sein Job wichtiger?

Die Mutti-Falle

Vor einigen Tagen bekam ich Post von einer Leserin. Sie schrieb, dass ihr meine Kolumne nicht gefalle. Ich redete zu viel über Mütterthemen, Hebammenmangel, Kitaplatz-Suche, die Vereinbarkeit zwischen Beruf und Familie. Das seien überwiegend Banalitäten, meinte die Leserin: »Können Sie nicht mal über den Tellerrand gucken?«

Ich habe einen schlauen Kollegen, der fast ausschließlich über die Berliner S-Bahn und die U-Bahn schreibt. Seit Jahrzehnten! Ob ihm auch schon einmal jemand empfohlen hat, über den Tellerrand zu blicken? Ich beantwortete den Leserbrief, ich schrieb, dass es sich um wichtige gesellschaftliche Themen handele. Aber das war nur die halbe Wahrheit.

Wer als Journalistin und Autorin ernst genommen werden will, der vermeidet Themen, die klassischerweise als »weiblich« gelten: Häuslichkeit, Mutterschaft, Familienleben. Man will nicht in der Mutti-Falle landen – und verdrängt einen Teil der eigenen Identität.

Die Journalistin Antonia Baum sagt, über Mutterschaft zu schreiben sei schriftstellerischer Selbstmord. Der Schriftstellerin Judith Herrmann riet ein berühmter Kritiker nach Erscheinen ihres Bestsellers »Sommerhaus, später«, sie solle bloß nie Kinder kriegen, sonst würde sie nie wieder etwas zustande bringen.

Die neue Generation von Autorinnen versucht, beides zusammenzubringen – und stößt dabei an Grenzen. Die amerikanische Schriftstellerin Sarah Menkedick hat an sich selbst beobachtet, wie sie Vorurteile verinnerlicht hat. Als sie ihr Debüt vorstellte, beteuerte sie vor Publikum, dass es in ihrem Buch nicht nur um Mutterschaft, sondern auch um Heimat und Identität gehe.

Die Lebenswelt von Müttern, Kinderbetreuung, Geburtshilfe, Vereinbarkeit, spiele in der Literatur kaum eine Rolle, klagte sie in der L.A. Times. Diese Themen gelten als eklig und langweilig. Und wenn Frauen es trotz allem wagen, darüber zu schreiben, müssen sie damit rechnen, ignoriert oder verunglimpft zu werden.

»Ein Buch über den Krieg erscheint immer noch wichtiger als ein Buch über die Gefühle von Frauen«, schreibt die Britin Rachel Cusk, die für ihre persönlichen Texte über ihre Familie und ihre Scheidung scharf attackiert wurde. Der Norweger Karl Ove Knausgård, der über ähnliche Themen schreibt, wurde zum Weltstar.

Vielleicht ist es sogar noch schwieriger geworden, über die Ambivalenz des Mutterseins zu schreiben, auch durch die neue Rolle der Männer. Unter modernen Eltern gilt es als selbstverständlich, dass man zumindest im Kleinkindalter eigene Bedürfnisse (der Mütter) zurückstellt. Und wenn Papa jetzt auch noch Windeln wechselt, warum beschweren sich die Frauen immer noch?

Ich dachte an meine Leserin. Hätte sie auch so reagiert, wenn ich ein Mann wäre? Kürzlich las ich bei Zeit Online einen Artikel von einem Kollegen, der über seine Gefühle als Vater schrieb. Man konnte dem Text kaum entgehen, er wurde in den sozialen Medien tausendfach gelobt, geteilt, mit Herzen versehen und Kommentaren wie »So ist es«. Es war ein guter Text, aber mir fielen sofort gute Texte von Kolleginnen ein, die von so einer Resonanz nur träumen konnten.

Wenn Väter über sich und ihre Gefühlswelt schreiben, dann gilt es als etwas Allgemeingültiges, als etwas Hochwertiges. Wenn Frauen über sich schreiben, ist es »Frauenliteratur«, »Brigitte« oder »banal«.

Gebt den Männern die Babys!

Meistens holt mein Mann die Kinder von der Kita ab, einmal in der Woche mache ich das. Wäre ich ein Mann, würde ich wahrscheinlich Applaus bekommen. Aber ich bin eine Frau, und das ändert alles. Wenn ich das so aufschreibe, ist das nicht als Klage gemeint, sondern als Feststellung. Frauen, die mehr arbeiten und damit auch mehr verdienen als ihre Partner, sind im frühen 21. Jahrhundert noch Exotinnen. Sie werden behandelt, als hätte sie ein besonders tragisches Schicksal ereilt. Eine Freundin beobachtete einmal, wie eine Erzieherin ein weinendes Kind mit Grabesstimme tröstete: »Mama muss arbeiten.« Oft wird den Müttern unterstellt, sie würden ihre Kinder nicht genug lieben. »Warum haben Sie überhaupt Kinder bekommen, wenn Sie sie so selten sehen«, wird man von Fremden gefragt. Die moderne Mutter ist weniger Serena Williams als Mama Wutz aus der Kinderserie »Peppa Wutz« über eine Schweinchenfamilie. Papa Wutz geht morgens zur Arbeit und kommt abends gut gelaunt wieder, während Mama Wutz zu Hause bleibt. Sie schmeißt effizient und humorlos den Haushalt. Sie ist auch berufstätig, arbeitet kurz im Home-Office am Computer, wichtig kann ihr Tun nicht sein.

Nun kann man die Stimmen von außen und auch Mama

Wutz ignorieren oder ablehnen. Schwieriger wird es mit der eigenen, inneren Stimme, die einem sagt, dass man nicht gut genug ist, so als Mutter. Dass andere Mütter mehr Zeit mit ihren Kindern verbringen, dass sie die lustigeren Spiele kennen und die gesünderen Gerichte kochen. Womöglich haben sie auch den besseren Sex. Man sagt Verabredungen ab, weil man sich in seinem Wunsch, Zeit für sich allein zu haben, egoistisch vorkommt. Das schlechte Gewissen ist ein ständiger Begleiter, ein Schmerz im Arm, den man mal stärker und mal schwächer spürt.

An den meisten Tagen merke ich den Schmerz nicht, ich bringe morgens meine Kinder in die Kita, die Kleine lässt sich gern zur Erzieherin geben, der Große stürmt freudig seinen Freunden entgegen. Im Verlag ist der Tag voll, bereichernd, und ich denke kaum an die Kinder. Am Nachmittag fange ich an, an sie zu denken und mich auf sie zu freuen. Und das ist ein so tolles Gefühl, das dem Gefühl vor einem Date nahekommt. Aber es gibt auch andere Tage. Neulich holte ich meinen Sohn wegen eines Arzttermins mittags ab. Mehrere Tage danach fragte er jeden Morgen: »Bin ich heute Mittagskind?« Wenn ich verneinte, wurde sein Blick traurig. »Aber ich will nicht in die Kita«, sagte er. Beim Abschied in der Kita fiel es ihm schwer, sich zu lösen. Mein Herz wurde schwer, und ich dachte den Tag über daran, ob es ihm wohl gut gehe. Als dann im Büro etwas schieflief, kamen Zweifel, Unsicherheit, die großen Fragen. Irgendwann fragte er nicht mehr und stand morgens im Flur und krähte: »Ich will sofort in die Kita.«

Viele Männer scheint es nicht zu belasten, ihre Kinder wenig zu sehen. Schwanger zu sein, ein Kind zu gebären, für ein Neugeborenes verantwortlich zu sein ist eine banale wie einzigartige Erfahrung, die nur Frauen machen. Die Beziehung, die daraus entsteht, ist widersprüchlich: Man kann nicht ohne und nicht mit dem Kind sein. Väter können auch eine innige Beziehung zu ihrem Kind entwickeln, aber es ist eine Wahl, die sie selber treffen müssen. Und die die Mütter ihnen erlauben müssen. Gebt den Männern die Babys, ganz ohne schlechtes Gewissen.

II

Mutter sein.
Erziehungsfragen und Elternschaft

Flucht aus dem Familienbett

Ich bin wahrscheinlich die einzige Mutter in Prenzlauer Berg, die nicht enthusiastisch ihr Kind gestillt hat. Ich habe es trotzdem gemacht, zehn Monate lang. Ich habe das Baby in der Tragehilfe getragen und es im Bett mit uns schlafen lassen. Das hatte die Hebamme so empfohlen. Ich habe es nicht hinterfragt, es machten in meinem Umfeld alle so.

Später habe ich erfahren, dass das, was ich praktizierte, offenbar Teil eines Erziehungskonzeptes war: Attachment Parenting, übersetzt bedürfnisorientierte Erziehung. Das ist eine angesagte Methode, mit der man versucht, sich den Bedürfnissen des Babys anzupassen. Sie wird unter Mittelschichteltern in Prenzlauer Berg oder Kreuzberg ähnlich heiß diskutiert wie vegane Ernährung oder Impfpflichten. Kürzlich beschrieb eine Frau auf Zeit Online, wie sie beim Versuch, eine perfekte Attachment-Mutter zu werden, fast durchgedreht ist. »Eltern, gebt euch selbst nicht auf«, lautete die Überschrift.

Ich kann verstehen, was an dem Erziehungskonzept so attraktiv wirkt. Es greift die Unsicherheit auf, die man nach der Geburt im Umgang mit einem Säugling spürt. Sagt einem ja keiner vorher, dass das Heftige am Kinderkriegen nicht die Geburt ist, sondern die ersten Wochen danach. Je mehr man das Baby nah bei sich hält, desto ruhiger und entspannter wird es, lautet einer der Lehrsätze. Das klingt einfach. Aber was, wenn das Kind trotzdem weint? Ich hatte einmal eine Bekannte, ein großer Fan von Dauer-Stillen, Tragetuch und Babymassage. Ihre Tochter schrie nie, mein Sohn dauernd. »Du bist zu angespannt, dein Sohn spürt das«, urteilte sie.

Der Begründer des Attachment-Parenting-Konzepts ist William Sears, amerikanischer Kinderarzt, achtfacher Vater und tiefreligiöser Christ. Auch in seinen Büchern klingt der missionarische Ton durch: »Eine Mutter fühlt sich nur wohl, wenn sie mit ihrem Baby zusammen ist.« Und was, wenn das Baby vier Stunden am Stück schreit? Die Mutter, die dann erschöpft ist, womöglich sogar Wut auf ihr Kind entwickelt, könnte denken, dass etwas mit ihr nicht stimmt, wenn sie eine Pause braucht. Berufstätigen Müttern empfiehlt Sears, nachts im Bett neben dem Kind zu schlafen, um den tagsüber entstandenen Mangel an Nähe wettzumachen. Wer sich nicht an die Prinzipien halte, der ziehe problematische Kinder heran. In diesem Ton geht das weiter, reaktionär, anti-emanzipatorisch.

Meine Bekannte erzählte mir kürzlich, dass sie sich ein größeres Bett gekauft haben, damit alle Platz haben, ihr Mann und die zwei Kinder. Ein Familienbett. Ich guckte skeptisch. Die Attachment-Mütter teilen zwar gern aus, sind aber selbst sensibel. »Früher haben auch alle in einem Bett geschlafen, und in Afrika macht man das heute noch so«, fügte sie hinzu.

Wenn Angehörige der Mittelschicht auf dem Sofa ihrer Eigentumswohnung beim Quinoa-Süßkartoffel-Salat sitzen und die Bedingungen in Afrika preisen, ist mir das unheimlich. Als ob Armut so romantisch wäre. Die Menschen haben früher nicht in einem Bett geschlafen, weil es Teil ihrer pädagogischen Methode war, sondern weil sie sich nichts anderes leisten konnten. Das gemeinsame Bett war ein Hort von Krankheiten. Mein Familienbett müsste ungefähr so groß wie das Tempelhofer Feld sein, damit wir alle entspannt darin schlafen könnten.

Cha-Cha-Cha mit Fiebersaft

Fast alle sind sich heutzutage einig, dass die Vereinbarkeit von Beruf und Familie ein erstrebenswertes Ziel ist, die meisten Frauen und Männer wollen das, die Politik, selbst die CDU/CSU. Die Einzigen, die sich dem Zeitgeist hartnäckig verweigern, sind Kinder. Diese kleinen Anarchos sind mit den Terminplänen des modernen Angestellten nicht kompatibel. Man kann alles noch so schön planen, ein kleines Kind hat das Potenzial, jeden Tagesablauf zu sprengen. Es richtet sich nicht nach Dienstplänen, Google Doodle oder Terminkalendern. Es wirkt wie eine Naturkatastrophe. Auch die Schäden sind manchmal ähnlich.

Vergangene Woche hatte ich einen wichtigen Abendtermin, ich fieberte seit Wochen darauf hin. Ein ganzer Abend. Ohne Kinder. Nur unter Erwachsenen, mit Erwachsenen-Themen, vielleicht sogar Alkohol, super-egoistisch. Doch Tage vorher wurde ich nervös. Einmal, mein Sohn war ein knappes Jahr, saß ich an einem Samstagabend im Konzert eines Freundes. Nach einer halben Stunde summte mein Handy. »39,8 Fieber. Er röchelt.« Ich starrte den Bildschirm an. Als ich ging, war das Kind noch völlig gesund gewesen. War das ein böser Scherz meines Mannes, der zu Hause bleiben musste? Das Handy summte wieder: »Jetzt 40!!!« Ich hätte sagen können, bin halt weg, Handy aus.

Aber ich bin auch eine von diesen verweichlichten Müttern, die immerzu dafür sorgen wollen, dass es ihrem Kind gut geht. Ich rannte aus dem Konzert, fuhr mit dem Taxi nach Hause und dann zur Nachtapotheke. Seitdem haben wir einen Schrank gefüllt mit Fiebersaft.

Diese Woche nun sah alles gut aus. Doch dann rief am Nachmittag die Kita im Büro an, mein Sohn müsse abgeholt werden, Fieber, starke Bauchschmerzen. Ich machte mir Sorgen um ihn, vor allem aber um meinen Abend. Was für ein Timing! Wie hatte er das wieder geschafft, meinen Plan ins Wanken zu bringen? Ich dachte nach. Ich würde mich von dieser kleinen Störung nicht aus der Ruhe bringen lassen, ich würde sie begrüßen, umarmen und mit ihr Cha-Cha-Cha tanzen. Ich fuhr nach Hause und machte einen Plan: Mein Mann würde mit unserem Sohn zur Not zur Rettungsstelle fahren, ich würde unsere Tochter der Babysitterin übergeben und dann zum Termin spazieren.

Während ich plante, wurde ich panischer. Fieber und Bauchschmerzen klang nicht gut. Was, wenn er was Ernstes hat? Plötzlich sah ich Blaulicht, einen OP-Saal vor mir. Wie kann ich ausgehen, während mein Sohn leidet? Mir fiel auf, dass meine Panik wahrscheinlich die Kinder verunsichern würde, was mich wiederum noch panischer machte. Cha-Cha-Cha, jaja. Ich träume von einer Betriebsvereinbarung mit meinen Kindern, in der festgelegt wird, dass alle sich an die festen Zeiten und Abläufe zu halten haben. Doch es ist schwer, weil man mit einem Dreijährigen, der die Methoden des nordkoreanischen Diktators anwendet, nicht verhandeln kann.

Nachdem mein Mann und mein Sohn sich auf den Weg

gemacht hatten, erkannte unsere Tochter ihre Chance. Sie fing an zu schreien, lief rot an, die Tränen schossen aus den Augen. Sie ließ sich von niemandem beruhigen. Schließlich nahm ich sie alle mit auf meinen Abendtermin, die Babysitterin, das Baby.

Was soll ich sagen: Dem Baby gehörten der Abend und der Applaus. Und der Große musste auch nicht operiert werden.

Geheime Nächte

Als ich selber noch keine Kinder hatte, habe ich mich manchmal über Eltern gewundert, wenn sie erzählten, was sie alles aufführten, um ihre Sprösslinge ins Bett zu bekommen. Ich fühlte mich unangenehm berührt davon, wie die Mütter und Väter ihre Kinder verwöhnten. Falls ich einmal Kinder haben werde, dachte ich, würde ich mich nicht so tyrannisieren lassen. Ich weiß nicht, warum ich so unbedingt streng sein wollte, vielleicht hatte niemand nachts meine Hand gehalten, als ich klein war.

Wenn ich jetzt Bekannten von unseren Ritualen erzähle, entdecke ich eine ähnliche Reaktion wie bei mir damals. Jeden Abend läuft das so: Ich (oder mein Mann) bringe unseren knapp drei Jahre alten Sohn ins Bett, ich lese ihm etwas vor, dann mache ich das Licht aus und setze mich neben sein Bett auf einen Hocker. Ich sitze im Dunkeln, ich halte seine Hand, die Zeit verfließt. Manchmal dauert es zehn Minuten, bis er einschläft, manchmal eine Stunde. An manchen Tagen fühlt es sich an wie Yoga, meditativ, doch an anderen werde ich zappelig, ich denke daran, was ich erledigen muss, die Küche aufräumen, die Steuererklärung fertigmachen, die nächste Folge »Game of Thrones« gucken. Normalerweise schläft das Baby besser als sein großer Bruder, aber gelegentlich machen sie sich gegenseitig wach. Dabei ruhig zu bleiben ist Fortgeschrittenen-Yoga.

Viele Eltern führen nachts ein geheimes Leben, in dem sich dramatische Szenen abspielen, in dem gestritten wird, geschrien, geweint, verhandelt und versöhnt. Es sind Nächte, in denen merkwürdige Kompromisse geschlossen werden, die für Außenstehende oft keinen Sinn ergeben.

Ein Vater berichtet, dass er jeden Abend zwei Stunden neben der vierjährigen Tochter sitzen muss, bis sie einschläft. Eine Mutter sagt, dass ihr dreijähriger Sohn nur mit einem laufenden Fön über dem Bett einschläft, weil er das so aus Babyzeiten gewöhnt ist. Eine andere erzählt, dass sie vor dem Einschlafen ihre Haare auf dem Gesicht ihrer Tochter ausbreiten muss, bevor sie einschlummert.

Es gibt drei Typen von Eltern: die einen lassen ihre Kinder immer schreien, die nächsten lassen ihre Kinder nie schreien, und die dritten, die schwanken hin und her, unentschlossen zwischen Strenge und Weichheit. Das ist die größte Gruppe. Für sie gibt es eine riesige Einschlaf-Industrie, Ratgeber, Blogs, Apps, Schlafcoaches.

Als mein Sohn ein halbes Jahr alt war, gab mir eine Freundin das Buch »Jedes Kind kann schlafen lernen«, ein Klassiker. Die Methode der Autoren sieht vor, dass man das Kind allein und wach ins Bett legt und dann nach festgelegten Abständen immer wieder nach ihm schaut, es aber nicht auf den Arm nimmt. Wir probierten das bei unserem Sohn aus, legten uns Papier, Stoppuhr und Stift hin. Gegen zwei Uhr nachts brüllten alle, also gaben wir auf.

In der *Süddeutschen Zeitung* empfahl kürzlich eine Kinderärztin, um ein Kind zum selbstständigen Einschlafen zu erziehen, solle man sich Schritt für Schritt vom Bett entfernen, aus dem Zimmer schleichen. Damit das Kind keine Angst bekommt, könne man sich in Rufnähe aufhalten. Man solle zum Beispiel im Flur bügeln. Mein Mann steht nun jeden Abend im Flur und bügelt, er bügelt so viel, dass wir schon die Nachbarn bitten mussten, uns ihre knittrige Wäsche vorbeizubringen. Aber das Kind schläft allein ein.

Das Leben mit zwei

Der Junge ist zwei, fast drei. »Ich bin kein Baby mehr«, sagt er. Er steht neben dem Wagen seiner Schwester, sie ist noch ein Baby, sie ist mini, noch nicht einmal eins. Wenn jemand vorbeikommt und hineinschaut, dann ruft der Junge: »Nein, das ist meine Schwester, geh weg.« Er will nicht, dass jemand anders seine Schwester anguckt. Er hütet sie wie sein kleines Geheimnis. Als hätte er Angst, sie würde verschwinden, wenn jemand sie zu sehr mustert.

Ich erinnere mich noch, wie wir ihn aus dem Krankenhaus mitgebracht haben, ein hilfloses, kleines Bündel. Jetzt sitzt am Abendbrottisch ein Junge mit riesigen Händen und verhandelt über seinen Nachtisch: »Erst Nudeln, dann Eislolly. Ja?«, sagt er. Als ich zögere, holt er seinen Trumpf heraus. »Papa sagt Ja«, meint er. Das stimmt zwar nicht, funktioniert aber als Taktik. Wenn das mit den Brexit-Verhandlungen nicht klappt, kann vielleicht mein Sohn einsteigen. Die Briten bekämen alle Eislollys der Welt.

Wenn ich gefragt werde, was für ein Kind mein Sohn ist, weiß ich nie, was ich sagen soll. Ich möchte sagen, dass er der tollste Junge der Welt ist, schön und schlau. Er kann schon bis zehn zählen, auf Englisch. Aber ich will nicht prahlen. Ich könnte sagen, dass er lebhaft, neugierig, sensibel und stur ist. Er bringt uns oft zum Lachen. Während ich das notiere, denke ich, dass man so neunundneunzig Prozent aller Zweijährigen beschreiben kann.

Ich bin in einem Land aufgewachsen, in dem nicht viel gelobt wurde. Es war nicht wie in den amerikanischen Filmen, in denen die Mütter ihren Kindern alle fünf Minuten sagen: I love you. Weinanfälle wurden belächelt: »Das ist aber ein kleiner Schauspieler«, oder etwas strenger: »Reiß dich zusammen.« Wenn ein Kind friedlich und still war, nicht groß nach Aufmerksamkeit verlangte, dann beschrieb man es als »artig«. Ein artiges Kind zu haben, das war das größte Mutterglück. Das Wort »artig« ist komischerweise fast komplett verschwunden. Mein Lieblingsspruch war: »Du bringst mich noch ins Grab.« Niemand wäre früher auf die Idee gekommen, ein Kind zu feiern, als hätte es ein Meisterwerk vollbracht, wenn es auf eine Rutsche klettert. Deshalb ist es mir ein bisschen peinlich, wenn die Eltern auf dem Spielplatz dauernd »suuuuper« rufen. Wenn man will, dass die Kinder aus Minderwertigkeitsgefühl später keine Verbrecher werden, muss man sie konsequent loben, selbst Kritik soll man in ein Lob verpacken: »Ich finde es super, wie du mit dem Schläger hantieren kannst, aber es ist trotzdem nicht so gut, wenn du den Schädel deiner Schwester triffst.«

Neulich lobte eine Mutter auf dem Spielplatz, wie gut mein Sohn klettern kann. Ich erwiderte, dass er sich aber noch nicht selber anziehen kann. Danach fühlte ich mich schlecht. Warum habe ich nicht gelächelt und mich über das Kompliment gefreut? Nicht genug, dass ich die schlechte Laune der Vergangenheit immer noch mit mir herumtrage, jetzt belaste ich auch noch meinen Sohn damit. Ich nehme

mir vor, ihn mehr zu loben, positiver zu sein. Am Wochenende bat er mich, ein Boot aus Papier zu basteln. Ich nestelte
am Papier herum, am Ende stand ein Objekt auf dem Tisch,
das an die Titanic erinnerte, nach dem Untergang. »Super,
Mami«, sagte mein Sohn und rannte juchzend durch die
Wohnung.

Manchmal bin ich mir nicht sicher, wer hier wen erzieht.

Danke, liebes Amt

Es gibt bekannte Erziehungsratgeber, den dänischen Familientherapeuten Jesper Juul zum Beispiel oder den Schweizer Kinderarzt Remo Largo. Weniger bekannt ist die pädagogische Arbeit der Berliner Ämter. Es handelt sich um ein geheimes Programm zur Erziehung der Eltern, das Berliner Bildungsprogramm.

Das Training beginnt harmlos, man denkt, man stellt nach der Geburt einen Antrag zur finanziellen Unterstützung bei der Elterngeldstelle, aber schon ist man mittendrin. Die Elterngeld-Anträge sind so entworfen, dass sie maximale Aufmerksamkeit verlangen, mit Formularen, die »Anlage E +« heißen. Sie sollen die Mütter und Väter, nach der Geburt oft emotional überwältigt, wohl in das gesellschaftliche Leben zurückführen. Leben und Amt tauschten die Plätze, aus dem Leben wurde Amt, und aus dem Amt wurde Leben. Das schrieb einst Franz Kafka als einen Vorgriff auf die Erfindung des Elterngeldes.

Mit ein bisschen Mühe kommt man beim Ausfüllen der Formulare im Wochenbett in Schwung. Wenn man das Wort »Einkommensersatzleistungen« zwanzig Mal still aufsagt, klappt das mit dem Milcheinschuss gleich besser.

Ich sammelte Papiere, Belege, Formulare. 52 Seiten schickte ich dem Amt, fast ein kleines Buch. Nach zwei

Wochen erhielt ich einen Brief, in dem Unterlagen nachgefordert wurden. Darunter waren einige Papiere, die ich bereits gesendet hatte. Das Amt hatte eine Nummer, die man zwei Mal pro Woche für jeweils eine Stunde anrufen konnte. Leider war dann immer besetzt. Ich marschierte die Wohnung auf und ab, das Telefon in der einen Hand, das Baby in der anderen, die Zeit tickte, bald würde die Sprechstunde vorüber sein. War ich gestresst? Unsinn. Ich genoss das, und mit jedem Anruf würde ich ruhiger werden, gelassener. Das Kind war wenig beeindruckt und bekam Hunger.

Schließlich nahm jemand ab. Ich trug mein Anliegen vor, wartete auf eine Antwort. Die Sachbearbeiterin schimpfte zärtlich und bat, alles noch einmal zu schicken.

Beim ersten Kind hat die Bearbeitung des Elterngeld-Antrages sechzehn Wochen gedauert, das heißt, wir haben vier Monate auf das Geld gewartet und lebten in der Zeit von Ersparnissen. Hinter der langen Wartezeit steckte nicht etwa Behördenversagen, sondern eine Lektion: Wenn man auf das Elterngeld angewiesen ist, sollte man rechtzeitig anfangen, etwas zurückzulegen. Und wer das nicht kann, sollte vielleicht mit dem Kinderkriegen warten, bis er ordentlich verdient.

Manch einer mag das zynisch oder sogar skandalös finden – er hat das Berliner Eltern-Bildungs-Programm nicht verstanden. Man soll vorausschauendes Denken lernen, die Dinge vom Ende her denken, so macht das die Kanzlerin doch auch. Irgendwann, wenn die Kinder größer werden, braucht man sowieso einen Kopf wie ein Manager, Termine für Klassenausflüge, Arztbesuche, Wettkämpfe, Gitarrenunterricht. Die Finanzplanung während der Elternzeit ist da nur der Anfang.

Beim zweiten Kind dauerte es bei uns bis zur Bewilligung des Elterngeldes nur acht Wochen, wir hatten sogar noch Geld übrig. Danke, liebes Amt.

Nicht in allen Städten wird das Eltern-Training so energisch vorangetrieben. In Hannover und Weimar dauert beispielsweise die Bearbeitung der Anträge angeblich nur eine Woche. Die armen Eltern.

Das nachtaktive Ungeheuer

Ich hatte eine Schale mit Süßigkeiten zur Seite gestellt, für den Fall, dass an Halloween ein paar kleine Vampire bei uns vorbeikommen. Es kamen aber keine kleinen Vampire, es kam nur ein Monster, der Nachtschreck. Es heißt auch Pavor Nocturnus, was lateinisch ist und nächtliche Angst bedeutet. Pavor Nocturnus ist ein sehr guter Name für ein Monster. Man hat sogleich ein verlassenes schottisches Schloss vor Augen, durch dessen spinnwebenverhangene Gemächer der böse Geist schwebt. Der Nachtschreck ist eines jener Wesen, dem man nur begegnet, wenn man die Augen schließt. Es ist wahrscheinlicher, dass man ihn trifft, wenn man noch jung ist, sehr jung. Ungefähr in dem Alter, in dem man sich gern als kleiner Vampir verkleidet. Zu uns kam der Nachtschreck an Halloween.

Ein Geräusch hatte mich aufgeweckt. Ich nahm die Ohrenstöpsel heraus, mit denen ich schlafe, seitdem ich Kinder habe. Dann hörte ich es. Aus dem Kinderzimmer kamen schreckliche, fast animalische Laute, ich sprang auf und riss die Tür auf. Da lag das Kind allein im Bett, es schrie und es schüttelte sich. Wir sahen den Nachtschreck nicht, wir sahen nur, wie er im Körper des Kindes wütete. Das Kind hatte weit aufgerissene Augen, es keuchte und strampelte mit den Beinen. Es schlief nicht, aber wach war es auch nicht. Es war in einer seltsamen Zwischenwelt, höchst erregt, empfindlich und gleichzeitig abwesend, wie hinter einer unsichtbaren Wand. Man wünscht sich als Mutter oder Vater in dem Moment nichts sehnlicher, als das Kind aus seiner Lage zu befreien, aus den Klauen des Monsters zu retten. Doch wie geht das? Trick oder Treat?

Man versucht es mit Worten, man versucht es mit sanftem Streicheln, irgendwann ist man so verzweifelt, dass man sanftes Schütteln erwägt. Doch wenn man das Kind auch nur berührt, schlägt es nur noch stärker um sich. Der Pavor Nocturnus lässt sich nicht mit Süßem beruhigen, und auch nicht mit Worten. Der Pavor Nocturnus hielt das Kind im Griff.

Was für ein seltsames Ungeheuer. Es überfällt lieber kleine Kinder als Erwachsene. Es ist hinterhältig, es kommt erst, wenn man eingeschlafen ist. Der Pavor Nocturnus bringt vielleicht all die Frustrationen und Unsicherheiten hervor, die man am Tag verdrängen kann. Ist das nachtaktive Monster der Grund, warum Kinder nicht schlafen gehen wollen, aus Furcht vor Attacken? Und was wäre, wenn die nächtliche Angst angesichts der Krisen in der Welt ein allgemeiner Zustand wäre, wenn sie jede Nacht bei allen Menschen auftreten würde? Dann würde man aus allen Schlafzimmern um sich herum nur noch Schreie hören. Die Nacht wäre eine einzige Munch-Landschaft. Edvard Munch, das war der norwegische Maler, der das berühmte Bild vom Schrei malte.

Der Pavor Nocturnus im Bett meines Kindes war unsichtbar, und er tobte und wütete. Dann stieß sich das Kind den Zeh, aua, und plötzlich wurde es still. Es war wie im

Märchen, der Nachtschreck war weg. Der eine Schmerz hatte den anderen vertrieben. Am nächsten Tag suchten wir ängstlich nach Spuren am Kinde, ein Schmerz, ein getrübter Blick. Es war munter und fröhlich wie immer, als wäre nichts gewesen. Der Nachtschreck ist ein harmloses Phänomen, sagen Kinderärzte. Unser nächtlicher Gast war wie ein perfekter Verbrecher, er hinterließ keine Spuren.

Smartphones retten Mütter

Mütter sind so etwas wie ein öffentliches Gut, dauernd bekommen sie Tipps, wie sie sich verhalten sollen. Es geht früh los, keinen rohen Fisch und keinen Kaffee in der Schwangerschaft, zur Geburt keine Schmerzmittel und schon gar keinen Kaiserschnitt. Pflicht ist dagegen Stillen.

Vergangene Woche entdeckte ich eine neue Anweisung: Smartphones weg! Eine Mutter, die während des Stillens digitale Medien nutzt, schädigt ihr Kind, steht in einer neuen Studie des Bundesgesundheitsministeriums. Säuglinge, so heißt es darin, würden unter Essens- und Einschlafstörungen leiden, wenn die Mutter, während sie das Kind betreut, nebenher auf ihr Smartphone guckt. Während ich das las, fiel mir vor Schreck fast das Kind aus dem Arm. Alle Mütter mit Babys, die ich kenne, gucken neben dem Stillen auf ihr Telefon, lesen, sehen Filme. Hielten wir eine Waffe in der Hand, schlimmer als Fertigmilch? Ich schaute das Kind an, waren bereits Schäden zu erkennen? Es sah scheinbar zufrieden aus und saugte weiter, gluck, gluck, gluck.

Die Kinder würden gestört, weil die Mütter abgelenkt sind, argumentiert die Studie. Und was ist mit Büchern? Sind die auch verboten? Bei meinem ersten Kind habe ich während des Stillens die ersten drei Bände von Karl Ove

Knausgårds Werk über sein Leben gelesen. War das auch ein Fehler?

Ein Experte sagte, es laufe etwas in der Zuwendung schief, wenn eine Frau beim Stillen mit dem Smartphone hantiere. Der Experte war ein Mann, ich nehme an, er hat noch nie tagein, tagaus, Woche für Woche, allein mit einem winzigen Wesen verbracht, das rund um die Uhr alle zwei Stunden trinken will, oft 45 Minuten lang. Hat schon mal jemand eine Studie angefertigt, wie viele Mütter das Smartphone in der Stillzeit gerettet hat? Vor allem in der ersten, oft sehr einsamen, isolierten Zeit nach der Geburt, in der man kaum die Wohnung verlässt? Es geht nicht darum, Frauen zu rechtfertigen, die ihr Kind schreien lassen, weil sie lieber Katzenvideos angucken oder mit ihrer Freundin chatten. Frauen (und Männer), die ihre Kinder vernachlässigen, gab es, bevor das Smartphone erfunden wurde, sie haben sich vielleicht hinter Büchern verschanzt, hinter dem Fernseher, dem Kochtopf. Es geht doch darum, dass man in der ersten Zeit nach der Geburt eines Kindes nicht ganz den Kontakt zu dem Leben verliert, das man vorher geführt hat.

Ich habe mich schon oft gefragt, wie die Frauen das früher gemacht haben. Ohne WhatsApp, Facebook, Twitter. Ohne Nachrichtenseiten. Vielleicht waren die Frauen früher geduldiger, vielleicht wohnten ihre Schwestern, Mütter, Tanten in der Nähe und kamen zu Besuch. Die irische Schriftstellerin Anne Enright hat mal erzählt, dass sie während des Stillens Notizen für neue Buchideen auf kleine Zettel notierte. Ich finde es toll, mein Baby für eine Weile beim Trinken zu beobachten, die eifrigen Schluckbewegungen, das wackelnde Ohr, aber es ist jetzt nicht so, dass ich dabei in Trance falle und die Welt um mich vergesse.

Das Smartphone ist klein und handlich, auch wenn ich wegen des neuen Babys keine Zeit oder keine Kraft habe, meine Freunde zu treffen, kann ich auf dem Laufenden bleiben, ich kann mich mit anderen Müttern austauschen, ich bekomme mit, was in der Welt so läuft. Das macht mich zufriedener, und davon haben auch die Kinder etwas.

Das Modell Trump

Es gibt Sätze, die Eltern gesagt bekommen, wenn man über Probleme mit dem Kind redet. »Das ist nur eine Phase«, lautet einer davon, geäußert von Müttern oder Vätern mit älteren Kindern, mit der milden Sicht des Rückblicks. Wenn man in der schlimmen Phase steckt, erscheint sie allerdings endlos. Manchmal sieht man im Drogeriemarkt ein kleines Wesen mit rotem Kopf und verzerrtem Gesicht stehen, das kleine Wesen brüllt, in einer Lautstärke, die das Ordnungsamt alarmieren müsste, während die Beinchen auf den Boden stampfen. Sobald sich ihm jemand nähert, dreht es die Lautstärke etwas auf. Daneben steht eine müde Frau und stiert vor sich hin. Die Frau bin ich, das kleine Wesen mein Sohn.

Ich weiß nicht mehr genau, was passiert ist. Es gibt zu viele Kämpfe, sie verschmelzen zu einer Schlacht. Vielleicht war es so: Mein Sohn war mit dem kleinen Wagen, den es extra für Kinder gibt, durch den Laden gesaust, er hatte vor einem Regal angehalten und angefangen, lauter schöne bunte Sachen in den Wagen zu legen. Erst versuchte ich, ihm ruhig zu erklären, dass wir weder Lippenstifte noch Nagellack und Lidschatten benötigen. Keine Reaktion. Als ich versuchte, ihm die Sachen aus den Händen zu nehmen, fing er an zu schreien, zu strampeln. Die Leute starrten mich an, jedenfalls kam es mir so vor, während ich mich mit meinem zweijährigen Sohn auf dem Boden des Drogeriemarktes balgte.

Wo ist mein fröhliches, neugieriges und liebenswürdiges Kind geblieben? Es hat sich in ein Monster verwandelt, das schreit und wütet. Terrible Twos, sagen die Engländer zu dieser Phase, schreckliche Zweijährige. Und es ist bekannt, dass die Engländer nicht zu Übertreibungen neigen.

Ich könnte sagen, es herrscht zwischen uns ein Nervenkrieg, wenn ich noch Nerven hätte. Keine Ahnung, warum das evolutionsbiologisch Sinn ergibt. Haben sich auch die Urmenschen-Babys vor die Beerenbüsche geworfen und geschrien, dass ihnen die Farbe der Beere nicht passt? Von Freud weiß man, wie wichtig diese Phase für die Entwicklung ist. Wenn ich jetzt was falsch mache, haben wir in dreißig Jahren den nächsten Erdoğan. »Konsequent sein«, rät eine Freundin. Doch wir können so konsequent sein, wie wir wollen, das Kind ist noch konsequenter. Wie setzt man Grenzen, wenn das Kind einen Anfall kriegt, nur weil man morgens seinen Toast durchgeschnitten hat? Neulich zog er seine Gummistiefel an, setzte die Mütze auf und rannte die Treppen hinunter zum Fahrrad. Er kreischte und strampelte, als ich ihn wieder hochtrug. Er hatte nur seinen Schlafanzug an, draußen regnete es.

Bei der Durchsetzung seiner Wünsche wendet das Kind die Methode an, die man von Autokraten kennt: je lauter gebrüllt wird, desto besser. Er ist zwar nicht auf Twitter, wechselt aber trotzdem seine Meinung mit jedem Atemzug. Fahrrad fahren! Nein Fahrrad fahren! Spielplatz! Nein Spielplatz! Er verhält sich wie Trump, laut, polternd, unberechenbar. Oder verhält sich Trump wie ein Zweijähriger? Was hat Mommy Trump vor über siebzig Jahren falsch gemacht?

Mein Mann sagt: Könnten wir ihn nicht bei deinem Bruder abgeben? Das Kind, nicht Trump. Dazu muss man wissen, dass mein Mann das Kind nach zehn Minuten zurückholen würde, weil er es so sehr vermisst. Das ist das Seltsame am Kinderhaben: Man hält es mit ihnen nicht aus, aber ohne sie auch nicht.

Terence Hill und mein kleines Croissant

Bei einer Reihenuntersuchung in der Schule wies der Arzt meine Eltern darauf hin, dass ich etwas schief stehe: »Sie hat ein leichtes S im Rücken«, sagte er. Ich war sieben oder acht Jahre alt und verstand nicht genau, was der Arzt damit meinte. Mein Name begann mit S, hatte es etwas damit zu tun? Der Arzt schien nicht beunruhigt, es folgten keine weiteren Anweisungen. Ich kann mich nicht erinnern, dass meine Eltern erwogen, einen Spezialisten zu konsultieren, schließlich hatte ich keine Schmerzen. Osteopathen kannten wir nicht. Nur meine Oma sah ein Problem, sie empfahl mir, einen Stock quer über den Rücken unter die Arme zu klemmen und jeden Tag so zehn Minuten zu spazieren, was ich widerwillig machte. »Mit schiefem Rücken findest du keinen Mann«, warnte sie.

Neulich diagnostizierte der Kinderarzt bei meiner Tochter eine Fehlhaltung und gab mir eine Überweisung zum Osteopathen. Sie war zehn Wochen alt, lag die meiste Zeit in ihrem Bett, auf einer Decke. Sie lag dabei ein wenig schief, wie ein Croissant. Das war offenbar ein Problem. Ich redete mit befreundeten Müttern, die auch Babys haben, und stellte fest, dass alle zum Osteopathen gehen. Nicht nur wegen Fehlhaltungen, sondern auch, wenn Kinder viel schreien. Osteopathen scheinen so eine Art Babyflüsterer zu sein. Eine Freundin sagte, sie mache sich Sorgen, weil die Haltung ihres Sohnes sie an Claus Kleber erinnere, den sympathischen ZDF-Moderator, der aber den Kopf immer etwas sehr schief legt. So schlimm war es bei meiner Tochter nicht, aber sie war jetzt auch keine kerzengerade Marietta Slomka.

Ich machte einen Termin, schon um meine Tochter vor meinem krummen Rücken zu bewahren. Ich überlegte, wie ich meinen Eltern erklären sollte, was ein Osteopath genau macht. Die Erklärung, er löse mit »besonderen Handgriffen« Verspannungen und Blockaden, klang etwas esoterisch, nach Zauberei. Während die Effektivität der Methode bei der Behandlung von Rückenschmerzen bei Erwachsenen erwiesen ist, ist bei Säuglingen die Wirksamkeit offenbar nicht erwiesen. Die Behandlung kostet ab fünfzig Euro und wird nur von wenigen Kassen erstattet.

Ich trug das Baby trotzdem zum Osteopathen, und fühlte mich, als ginge ich zum Schamanen. Der Schamane hatte blaue Augen wie der Schauspieler Terence Hill. Er umfasste die Hüfte meiner Tochter, dann fühlte er den Nacken und stellte an beiden Stellen Blockaden fest. Bei Blockaden denke ich sofort an Atommüll, Castor, nicht an mein kleines Croissant, das jeden Morgen mit einem breiten zahnlosen Lachen aufwacht, als gäbe es nichts Schöneres, als am Leben zu sein. Ich starrte dem Mann fragend in seine eisblauen Augen, darauf gefasst, dass er einen lustigen Spruch machte.

Doch Terence Hill sagte ernst, die Blockaden könnten später Schwierigkeiten verursachen – in der Motorik, beim Schreibenlernen, bei der Konzentration. Er drehte den Kopf meiner Tochter sanft nach links, nach rechts. Er drehte die Hüfte nach links, nach rechts. Dann war er fertig, schüttelte meine Hand und verließ das Zimmer. Das alles hatte nur wenige Sekunden gedauert. Ich war mir nicht sicher, ob ich das nicht geträumt hatte. Inzwischen sind sechs Wochen vergangen, das Kind liegt nur noch selten wie ein Croissant da. Offenbar haben Terence Hills Griffe funktioniert.

Wenn das Baby grunzt

Die größte Mütterberatungsstelle hat immer auf, auch morgens um 3 Uhr, es gibt keine Warteschlange, man braucht keinen Termin. Es gibt auf alles eine Antwort, in Sekundenschnelle. Die größte Mütterberatungsstelle heißt Google.

Sobald das Kind ein Problem hat, wenden sich Mütter (und einige Väter) heute zuerst ans Internet. Man tippt etwas ein, zum Beispiel »Hilfe, mein Baby grunzt« und bekommt sofort achtzehntausend Treffer. Es gibt nützliche Seiten, etwa von Kinderärzten, und es gibt Mütterforen. Dort schreiben Frauen, die sich Schnecke85 nennen oder Babypups11 oder Schnubidu. Ihre Kinder heißen Maus, Zwerg oder auch Mausi. Diese Frauen haben einen Hang zu Abkürzungen. Eine Hebamme heißt Hebi, KiÄ ist die Kinderärztin. Lillicat85 schreibt: »Mein Zwerg, 4 Wochen, ist ständig am grunzen und knurren. Es ist so laut, dass wir kaum schlafen können. Sie schreit abends ein bis zwei Stunden, bevor sie einschläft. Danach könnten wir schlafen, aber dann geht das Gegrunze los. Wer weiß Rat?« Rat weiß Babypups11, wenn vielleicht auch nicht den gewünschten. »Es gibt Mütter, die froh wären, wenn ihr Baby so laut grunzt. Immer dieses Gejammer wegen Lächerlichkeiten. Genieß doch dein Kind.«

Ein viel diskutiertes Thema ist das Stillen. »Hilfe, ich

möchte abstillen und schaffe es nicht«, schreibt Schocki-maus. Ihre Tochter, zwei Jahre, schreit und zetert, wenn sie nicht an die Brust darf. »Stillen ist sehr gut, mach bitte wei-ter«, lautet eine Antwort. Deutschland, eine Still-Diktatur.

Schnubidu geht's noch schlechter. Ihr Sohn ist erst sechs Monate alt, aber sie wiegt nur noch 60 Kilo bei 1,80 Me-ter, wie sie schreibt. Sie will ihm nicht mehr die Brust ge-ben, »aber mein Sohn verweigert alles, jeden Sauger, jede Flasche, auch Brei. Ich habe Angst, dass er einen Knacks bekommt, wenn ich ihm nicht mehr die Brust gebe.« Und wie lautet die Antwort? Bekommt die Frau Unterstützung, Hilfe, Mitgefühl? »Hammer, ich wäre froh, wenn ich so viel durchs Stillen abgenommen hätte«, schreibt eine Teilneh-merin. Eine andere: »Mein Sohn ist vier Jahre alt, und ich stille ihn immer noch. Ich weiß heute, dass mein Weg der einzig richtige ist.« Puh.

Der englische Gesundheitsdienst NHS hat herausge-funden, dass die meisten Suchanfragen zu Still-Proble-men zwischen 2 und 6 Uhr morgens gestellt werden. Das ist die Zeit, in der man stundenlang wach liegt, weil das Baby nicht schläft, nicht trinkt oder zu viel trinkt. Die Heb-amme hat ihr Handy aus, die kann man nicht fragen. Aber man kann den »Start4Life Breastfeeding Friend« konsul-tieren, so heißt der Chatbot, den der NHS programmiert hat. Allerdings sind die Fähigkeiten des Roboters begrenzt. Als ich ihn kürzlich ausprobierte, bekam ich die Antwort: »Leider funktioniert die Seite nicht.« Eine englische Kol-legin hatte mehr Glück: »Wie oft soll ich mein Baby an-legen?«, fragte sie. Der Chatbot antwortete sehr höflich: »Sorry, Rachel, das habe ich leider nicht verstanden. Ich verstehe lange Sätze nicht sehr gut, am besten funktioniere ich mit kurzen Stichworten wie ›Baby nicht genug Milch‹.« Um die richtige Frage zu stellen, muss man ziemlich genau verstehen, was los ist. Oder darüber nachdenken, was das treffende Schlüsselwort sein könnte. Das funktioniert nachts um halb drei nur begrenzt. Und wenn man verstehen würde, was los ist, würde man sich wohl gar nicht an den Roboter wenden.

Verbrecherische Antibiotika

Als Kind hatte ich oft Hals- und Mittelohrentzündungen, lag mit Schmerzen und Fieber im Bett, während meine Mutter Fräulein Görsdorf rief. Fräulein Görsdorf war für mich damals uralt, also etwa vierzig. Sie trug Dauerwelle, ein Kostüm und war nicht ganz so lustig wie »Frau Puppendoktor Pille« aus dem Fernsehen. Fräulein Görsdorf untersuchte mich, hörte mich ab, guckte mir in den Hals und in die Ohren. Dann verschrieb sie eine Medizin. Alle acht Stunden stand meine Mutter am Bett und flößte mir eine weiße Pille ein. Sie schmeckte bitter, ihre Krümel kratzten im Hals, sie wirkte aber sehr schnell. Bald fühlte ich mich wieder fit. Es war eine Wunderpille. Den Namen prägte ich mir früh ein – Penicillin.

Wenn heute das Kind oder man selber etwas hat, fragt man zuerst Doktor Google. Antibiotika wie Penicillin gelten nicht mehr als Wundermittel, sondern als mögliche Giftpillen. Vor allem Eltern haben Angst vor Antibiotika, fast so sehr wie vorm Impfen.

Neulich habe ich mit einer Mutter diskutiert, die ihrem Kind kein Antibiotikum geben wollte, obwohl ihr Sohn seit Monaten an einer Mittelohrentzündung litt. Sie meinte, Antibiotika zerstörten die Darmflora und ein Kind brauche zwei Jahre, um sich davon zu erholen. Außerdem könne das Mittel Autismus auslösen. Ihr Sohn war anderthalb. Ich schaute sie erstaunt an, wir kannten uns nur vom Spielplatz.

Ich fragte, woher sie diese Information mit den Antibiotika habe. Das habe sie im Internet gelesen, sagte sie, sie könne mir den Link schicken. Es stimmt, dass Antibiotika Nebenwirkungen haben. Wie alle Medikamente. Aber dass die bei einmaliger Gabe so gravierend sein sollten? Es klang nach Fake News. Oder hatte es mit Fräulein Görsdorf zu tun, dass ich eher ein Fan von Antibiotika war? Ich hatte selbst erlebt, wie schnell und effektiv sie Schmerzen lindern konnten. Warum sollte man das seinen Kindern verwehren?

Die Mutter war gut informiert, sie wusste, dass Antibiotika nur bei Infektionen wirkten, die durch Bakterien hervorgerufen wurden. Nicht, wenn sie durch Viren verursacht wurden. Ob das bei einer Mittelohrentzündung der Fall ist, lässt sich nicht so leicht feststellen. Wenn man erst abwartet und abschwellende Nasentropfen gibt?, fragte ich. Das hatte bei uns geholfen. Die Mutter musterte mich ein wenig, als hätte ich gesagt, ich hätte meinem Kind Heroin in die Milch gemischt. Abschwellende Nasentropfen? Verbrechermittel! »Ich will nicht, dass mein Kind mit zwei ein Junkie ist«, sagte sie. Sie benutze nur homöopathische Tropfen.

Sie hatte sich in Fahrt geredet. Bei sechs Ärzten sei sie gewesen, alle hätten Antibiotika geben wollen. Die würden damit herumwerfen, als handelte es sich um Konfetti. Dahinter stecke wahrscheinlich die Pharmaindustrie. Im Internet seien ihr in einem Forum Zwiebelsäckchen empfohlen worden. Das probiere sie jetzt.

Ich habe nichts gegen Hausmittel, aber es ist mir ein Rätsel, wieso gut ausgebildete Frauen dubiosen Quellen eher glauben als Fachleuten. Dass sie sich nach einer vermeintlichen Reinheit sehnen. Haben sie sich so an die Vorteile der modernen Medizin gewöhnt, dass sie sie nicht mehr schätzen? Schlechte Erfahrungen mit gehetzten Ärzten? Was kommt als Nächstes? Die Weltverschwörung? Ich hätte das die Frau gern gefragt, aber da war sie schon weg.

Der Mütter-Pranger

Wenn man Mutter wird, lernt man schnell, dass man nur Fehler machen kann. Es fing damit an, dass ich mein erstes Kind auf mir schlafen ließ. Falsch, falsch, falsch, sagte Gina Ford, eine bekannte Hebamme aus England, deren Ratgeber mir meine Schwiegermutter geschenkt hatte. Babys sollten nur in abgedunkelten Räumen im eigenen Bett schlafen und zwar bitte vier Stunden am Stück.

Frühstück gibt es laut Ford pünktlich um sieben Uhr, danach sei Zeit für ein Work-out auf der Decke – für das Neugeborene, nicht für die Eltern. Halte man sich nicht an die Regeln, erziehe man unselbstständige Tyrannen, drohte die Expertin.

Nach Mrs. Ford kamen andere. Ich kaufte die falschen Windeln, die bösen Breie, die Schurken-Strampler. Ich hatte nicht das richtige Bewusstsein für die Gefahr von Zucker und Plastikspielzeug. Ich stillte zu lang, ich stillte zu kurz. Ich blieb zu lang zu Hause, ich ging zu schnell wieder arbeiten. Je nach Gesprächspartner. Auch, dass ich mit den Kindergartenkindern noch keine Musik- oder Computerkurse besuchte, glich einem pädagogischen Super-Gau. Wie sollten aus ihnen die nächsten Mozarts werden?

So geht es immer weiter. Mütter vergleichen, bewerten und verurteilen sich ständig, und zwar nicht nur in bestimmten Milieus in Prenzlauer Berg oder Kreuzberg. Laut einer neuen repräsentativen Forsa-Umfrage vom Mai 2018 gaben 77 Prozent der befragten Frauen an, wegen ihres Umgangs mit ihren Kindern kritisiert worden zu sein.

Viele fühlten sich deshalb als schlechte Mütter. Es gibt sogar einen Begriff dafür: Mom-Shaming. Vielleicht könnte man das mit Mütter-Pranger übersetzen oder Mütter-Polizei. Sehr unfreundlich ist der Ton bekanntlich im Netz, auch in den zahlreichen Mütterblogs.

Wer die Kommentare liest, verliert die Illusion, dass Frauen weicher oder warmherziger als Männer sind. Im Wartezimmer, in der Kita, auf dem Spielplatz läuft es subtiler. Oft entfalten die kleinen Bomben, die in die Sätze gelegt werden, erst hinterher ihre Wirkung. Musst du halt selber wissen, ob du das verantworten kannst. Ist halt das Beste für das Kind.

Neulich aß meine Tochter auf dem Spielplatz nach der Kita ein paar Kekse hintereinander. »Sie futtert ja ganz schön, da müsst ihr aber aufpassen, dass sie später nicht fett wird«, sagte eine Bekannte. Das war nicht das erste Mal, dass ich mir so etwas über den Körper meiner Tochter anhören musste.

Sie ist ein Jahr alt. Ich wurde sauer. »Von mir aus kann sie so fett werden, wie sie will, du unverschämte Kuh«, entgegnete ich. Leider nur in meinem Kopf. Eine Bekannte regte sich über eine andere Mutter auf, die die Kinder in die Kita geschickt hatte, während sie zu Hause ihren Urlaub genoss.

Warum vergleichen und beurteilen sich Mütter dauernd? Ist es eine Reaktion darauf, dass jede für sich allein kämpfen muss oder kämpfen will, aber trotzdem das Gefühl hat, die anderen schafften es besser? Und um sich selber besser zu fühlen, macht man sich runter? Warum helfen sich Mütter so wenig? Weil man niemandem mehr traut? Womöglich nicht mal sich selbst?

Ist das Teil der Vertrauenskrise, von der im Großen oft die Rede ist? Männer sind da anders. Sie gründen vielleicht nicht sofort Vätergruppen, um sich zu unterstützen, aber sie beäugen sich nicht so misstrauisch und machen sich nicht gegenseitig das Leben schwer. Schon deshalb wäre ich für mehr Väter auf den Spielplätzen.

Du bringst mich noch ins Grab

Zu den überraschenden Erfahrungen des Lebens mit Kindern gehört, dass man seine eigene Kindheit wieder durchlebt. Ich bin in der DDR aufgewachsen, in den 80er-Jahren, ich gehöre zu der Generation, die die Soziologen Wendekinder nennen. Jetzt habe ich selber Kinder. Und ich denke über die Frage nach, ob das Aufwachsen im Osten einen Einfluss darauf hat, wie ich meine Kinder erziehe. Ich meine nicht die Selbstverständlichkeit von Berufstätigkeit und Kitabesuch. Sondern eher das Emotionale.

Mein Sohn wird bald vier, er hat das Konfliktverhalten eines Horst Seehofer, Provokation, Eskalation, sein meistbenutztes Wort ist »nö«, und wir geraten ständig aneinander.

Wenn er einen Wutanfall bekommt, weil ich zum Beispiel ein weiteres Eis ablehne oder ihn zum dritten Mal bitte, seine Schuhe anzuziehen, damit wir zur Kita können, merke ich, wie ich selber einen Druck im Magen spüre und nicht weiß, wie ich damit umgehen soll. Die Wut meines Kindes macht mich hilflos, ich fühle mich ohnmächtig. Plötzlich kommen Sätze hoch, von denen ich nicht weiß, woher sie plötzlich kommen: »Mach nicht so ein Theater«, »Reiß dich zusammen«, »Du bringst mich noch ins Grab«.

Diese Sätze stecken offenbar tief drin, ich habe sie früher oft gehört, damals, als Kinder dazu erzogen wurden, ihre Gefühle nicht zu zeigen, man sollte brav sein, gehorsam sein, funktionieren. Ich will das bei meinen Kindern anders machen, merke aber, dass es schwer ist, aus alten Mustern herauszukommen. Es ist vielleicht etwas unmodern, das zuzugeben, aber ich würde mir wirklich wünschen, dass meine Kinder lieb und nett sind. Und ich finde es auch wirklich gut, wenn man seine Gefühle unter Kontrolle hat, so wie die Ost-Frau Angela Merkel.

Eine Schulfreundin schreibt, sie kenne das auch von sich, dieses ewige Sich-Zusammenreißen. Ist das ostdeutsch? Oder eine Generationen-Frage? In den Kindergärten und Schulen der DDR standen die individuellen Bedürfnisse der Kinder nicht so stark im Vordergrund, es ging eher darum, dass sie viel lernten, selbstständig wurden, sich in die Gruppe integrierten. So ein Aufwand mit der Eingewöhnung wie heute, bei der es um Bindung und Beziehungen geht, wurde nicht betrieben.

Ich schreibe einer Frau, von der ich weiß, dass sie sich besser auskennt als ich. Die Psychologin und Bildungsexpertin Beate Mitzscherlich stammt aus der DDR, heute ist sie Professorin an der Westsächsischen Hochschule Zwickau. Ist der eher autoritäre Erziehungsstil typisch DDR? »Glaube ich nicht«, antwortet sie. »Das spiegelt eher den allgemein deutschen Erziehungsstil bis in die 60er, Anfang der 70er wider.«

In der früheren BRD habe es zwar nach 1968 eine Fülle von Literatur zur offeneren, kind-zentrierten Erziehung gegeben, die im Osten erst in den 80ern einsickerte, aber flächendeckend sei der Einfluss auch nicht gewesen. »Bayrische Klosterschulen und schwäbische Hausfrauen erzogen anders als die sozialistische Schule aber doch auch zum brav sein, tüchtig sein, sich anpassen«, sagt Beate Mitzscherlich.

Mir fällt noch etwas sein. Vielleicht waren Eltern früher strenger, vielleicht aber auch lockerer. Meine Mutter kreiste nicht dauernd um uns Kinder, es war ihr egal, ob der Kuchen beim Nachbarn bio war oder ob ich mal fünf Stunden Fernsehen am Stück guckte. Es gab weniger Kontrolle, weniger Verurteilungen. Eine andere Freiheit.

Der Aufstieg des Baby-Burkini

Einen Teil des Urlaubs haben wir in einem englischen Städtchen namens Leighton Buzzard verbracht. Eines der Highlights ist der Bahnhof, an dem die vielen Pendler täglich in die Londoner City starten. Das andere Highlight ist »the beach«, wie die Bewohner den Wasserspielplatz für Kinder nennen. Wir gingen am ersten Tag hin, es war voll, drum herum saßen frisch manikürte Mütter mit ihren blonden Kindern. Wir zogen unsere Kinder aus und schmierten sie mit Sonnencreme ein, bevor sie sich ins Wasser stürzten.

Mein Sohn rannte begeistert durch die spritzenden Fontänen. Meine Tochter war etwas vorsichtiger, sie ist eineinhalb und hat gerade erst laufen gelernt. Sie hielt ein Füßchen ins Wasser und tapste lachend durch die Pfützen. Es war herrlich, ich setzte mich an den Rand und schaute mich um. Ich kann mich täuschen, aber ich hatte das Gefühl, dass mehrere der englischen Mütter meine Tochter anstarrten. Keiner sagte was, nur ein kleiner Junge rannte auf meine Tochter zu, guckte auf ihren Po und rief »DIS-GUS-TING«, »E-KEL-HAFT«.

Jetzt fiel es auch mir auf, sie war das einzige Kind auf dem Spielplatz, das völlig nackt im Wasser planschte. Alle anderen Kinder, selbst die kleinsten, trugen Badesachen oder Windeln, meistens beides. Einige von ihnen trugen

Ganzkörperanzüge, die Arme und Beine bedeckten, eine Art Baby-Burkini. Alle waren sie verhüllt, als wären ihre Körper etwas, das man schützen müsste, für das man sich womöglich schämen sollte und das man in der Öffentlichkeit nicht zeigen dürfte. Nur meine Tochter fiel raus. Ihre Nacktheit war offenbar ein Problem.

Wie konnte das passieren? Lag es daran, dass sich viele vor den Nebenwirkungen von Sonnencreme fürchteten und ihren Kindern deshalb lieber lange Kleider anzogen, statt sie mit Einschmieren zu quälen? Ich erinnerte mich, dass mich vor kurzem eine Mutter auf dem Spielplatz vor der Verwendung von Sonnencreme gewarnt hatte, wegen der Hormone. Ich hatte nicht viel drauf gegeben, die Gefahr durch die Sonne erschien mir größer. Oder lag der Aufstieg des Baby-Burkinis an der Angst, hinter jeder Ecke könnte ein Pädophiler lauern? Was hatte ich verpasst?

Früher war es üblich, dass kleinere Kinder nackt badeten, und zwar nicht nur am FKK-Strand. Ich bin mir sicher, es gibt irgendwo Aufnahmen von mir und meinen Geschwistern, wie wir in Brandenburger Seen planschen, ohne Badeanzüge. Und wenn was danebenging, schien keiner Angst davor zu haben, dass der See verseucht wird. Es waren lange, endlose Sommer, ich denke an den Geruch von Heu und Softeis. Schon klar, das war in der DDR, wo ja angeblich alle dauernd nackig herumliefen. Vielleicht täuscht mich auch meine Erinnerung, vielleicht gab es diese unschuldige Zeit nie.

Meine englische Freundin sagt, dass ihre Vierjährige »schon immer« einen Badeanzug trug. Die Engländer seien prüde, meint sie, sie selber gehe nie ohne Bikini in die Sauna.

Sind die Baby-Burkinis ein englisches Phänomen? Inzwischen wurden sie auch am Brandenburger Badesee gesichtet.

Auf dem Platz in Leighton Buzzard sogen sich die Baby-Burkinis und Windeln nach einer Weile voller Wasser, sie wurden schwer und hingen von den kleinen Körpern wie nasse Handtücher. Meine Tochter hielt ihren nackten Bauch in die Fontäne und gluckste dabei.

Wer Tiefkühlpizza serviert, ist raus

Es ist in den vergangenen Jahren schwerer geworden, Familie und Beruf unter einen Hut zu bekommen. Das weiß jeder, der das grade versucht, aber die *New York Times* veröffentlichte Ergebnisse einer Studie, die das Gefühl untermauert.

Bei der Untersuchung ging es darum, warum Frauen nach der Geburt des ersten Kindes oft ihre Stunden im Beruf stark zurückschrauben und manche sogar aussteigen – oft ungeplant. Je nachdem, ob die befragten Frauen ein Kind hatten, schätzten sie die Möglichkeit, Berufstätigkeit und Familie zu verbinden, verschieden ein. Mütter, so das Ergebnis, orientierten sich stärker am traditionellen Rollenmodell.

Viele Frauen unterschätzten die Anstrengungen, die Kindererziehung heute fordert, zitiert die Zeitung die Forscher. Seit den 90er-Jahren hätten sich die Ansprüche und Normen verändert, auf den Müttern laste beispielsweise der Druck, lange zu stillen, Kurse zur Frühförderung zu besuchen, sich intensiv mit den Kindern zu befassen. Was hat sich verändert?

Anruf bei Talja Blokland, Soziologin an der Humboldt-Uni. Sie erklärt sich den Wandel durch die Zukunftsangst, die vor allem in der Mittelschicht grassiert. »Frühere Elterngenerationen konnten davon ausgehen, dass es ihren Kindern besser geht als ihnen. Das ist nicht mehr so. Die Angst vor Prekarisierung ist gestiegen, so dass man so früh wie möglich versucht, alle Kraft ins Kind zu stecken.«

Ich kann dieses Gefühl nachvollziehen, verstehe es aber nicht ganz. Also noch mal, wer macht die Normen? »Mütter setzen sich gegenseitig unter Druck«, sagt mir Tanja Sahib, Familientherapeutin und Autorin (»Darauf waren wir nicht vorbereitet – Psychische Krisen rund um die Geburt eines Kindes verstehen und überwinden«).

Diese neue Generation von Frauen, die jetzt um die 30 sind, habe sich ein unerreichbares Idealbild von Mutterschaft erschaffen: Sie wollen berufstätig sein, zu Hause alles selber backen, nähen und kochen, die Wohnung soll immer aufgeräumt und auf dem modernsten Stand sein und das Kind nicht in die Kita um die Ecke, sondern in die Waldkita am Stadtrand gehen.

Es herrsche ein sehr starker Konformitätsdruck, hat Tanja Sahib beobachtet: »Wer auf dem Spielplatz zugibt, dass es abends nur Tiefkühlpizza gibt, ist schnell raus.« Und was ist mit den Vätern? Ich dachte daran, wie selten es ist, dass Männer Abstriche an ihrer Karriere machen. Die meisten, die ich kenne, nahmen ein paar Monate Elternzeit – und arbeiteten dann weiter wie bisher.

Wenn die Partnerin über Stress stöhnte, spendierten sie ihr ein Wellnesswochenende, um sie bei Laune zu halten. Statt über die Arbeitsverteilung zu Hause nachzudenken. Sobald ein Kind unterwegs sei, würden Männer in alte Muster zurückfallen und sich als Familienernährer verstehen, sagt Sahib. Sie erzählt von einem Vater eines drei

Monate alten Babys, Jurist, der sich von seinem Chef anhören musste, wenn er um 19 Uhr Feierabend machen wolle, hätte er den falschen Beruf ergriffen.

Der Druck, den Mütter und Väter spüren, sei verschieden, sagt die Therapeutin, beide fühlten sich überfordert, unverstanden und entfernten sich emotional voneinander. Ich legte auf, fuhr nach Hause. Mein Mann kam mit den Kindern vom Spielplatz. Woher kommt der Druck? »Wir wollen eine bessere Beziehung zu unseren Kindern als unsere Eltern, wir wollen von allem zu viel und alles sofort«, sagt er. Aber er ist ja auch schon alt und weise.

Halb sieben ist wie Ausschlafen

Schönes Wochenende, sagen die Kollegen zum Abschied. Das schöne Wochenende beginnt damit, dass mir ein Tennisschläger ins Gesicht gehauen wird. So fühlt es sich zumindest an, wenn man noch halb schläft. Der Tennisschläger ist die Hand des knapp Vierjährigen. »Kuckuck, Mami«, sagt er und zieht meine Augenlider hoch, wie die Kriminalbeamten das machen, wenn sie sehen wollen, ob das Opfer tot ist. Ich stelle mich tot, aber Sherlock Holmes ist nicht blöd. »Mein Bauch ist ganz leer, ich muss was essen«, sagt er. Neben ihm steht die Einjährige und starrt sehnsüchtig auf mein Handy. Doch ich bin schneller. Es ist halb sieben. Halb sieben ist wie Ausschlafen.

Neulich stand die Praktikantin im Büro neben mir und teilte mit, dass sie gerade aus dem Bett gekommen war. Die Uhr zeigte halb vier am Nachmittag. Ich schaute sie stumm an, wie eine Fee oder eine Elfe. Später erinnerte ich mich vage daran, dass es auch einmal eine Zeit gegeben hatte, in der ich es zu schätzen wusste, dass man in Berlin noch um 16 Uhr frühstücken kann. Jetzt bin ich eher der Typ, der sich wundert, warum der Bäcker um sieben Uhr morgens am Sonnabend immer noch nicht geöffnet ist. Es fehlt nicht mehr viel, und dann schiebe ich einen Rollator durch die Gegend.

Es beginnt das erste kleine Drama des Tages, oder Frühstück, wie wir es nennen. Die Einjährige will nicht in ihrem Stuhl sitzen. Der Vierjährige will Toast, nein, Cornflakes, nein, Müsli. Ich bin ein zweiarmiger Roboter, der hierhin und dahin greift. Nebenbei koche ich Kaffee. Doch ich bin schlecht im Multitasking, mache Fehler. »Erst die Milch, erst die Milch«, kreischt der Vierjährige. Ich habe die klein geschnittene Kiwi vor der Milch in sein Müsli gegeben. Weltuntergang!

Wir überstehen das Frühstück, jetzt was? An sonnigen Tagen vergeht das Wochenende schnell, man geht in den Park, an den See, zum Eisladen und schon ist Schlafenszeit. An Regentagen ist das anders. Es wird gepuzzelt, gemalt, Buch angeguckt, die Eisenbahn aufgebaut, Oma angerufen, das Zelt herausgeholt. Es fühlt sich an, als wäre bald Mittagszeit und dann schaut man auf die Uhr und es ist halb acht. Mein Mann sitzt zwischen Legosteinen, er wirkt geschrumpft, um Jahre gealtert. »Ob andere Eltern das Wochenende auch so hassen?«, flüstert er.

Natürlich, sage ich. Und wenn sie sich besonders schlecht fühlen, posten sie ein süßes Foto von ihren Kindern auf Facebook. Herzchen, family. Ich habe gelesen, dass viele Mütter und Väter sich am Arbeitsplatz wohler fühlen als zu Hause. Weil dort Ruhe herrscht, die Strukturen geordnet sind, und weil sie dort Wertschätzung für das erfahren, was sie tun. Familie und Kinder seien eine Zumutung. Gleichzeitig würden die Eltern darunter leiden und sich deswegen schlecht fühlen, dass sie von den Kindern genervt sind. Die Studie stammt von der Soziologin Arlie Hochschild, sie hat vor einigen Jahren in den USA für Aufsehen gesorgt.

Sie beschreibt, wie zwei gegensätzliche Umfelder, Arbeitsplatz und Familie, um die emotionale Energie der Eltern kämpfen. Darunter würden vor allem die Kinder leiden, warnt sie. »Aber den Job kann man auch eher verlieren«, sage ich. Mein Mann unterbricht mich: »Heißt das, du willst jetzt ins Büro gehen?« Wir lachen. Es ist ruhig geworden. Ich höre Schritte, tapp, tapp, tapp, leises Kichern. Die Kinder sind damit beschäftigt, alle verfügbaren Kissen und Decken aus jedem Raum ins Wohnzimmer zu schleppen und ein Haus zu bauen. Ich mache schnell ein Foto, bevor jemand schreit.

III

Wähler sein.
Das Politische

Ein falsches Geschenk

Manchmal bekommt man ein Geschenk, das man gar nicht will. Das Land Berlin zum Beispiel schenkt mir und anderen Eltern kleiner Kinder jeden Monat die Kitagebühren. Schrittweise fallen die Zahlungen weg, ab August 2018 ist der Besuch gratis. Was in der Hauptstadt gemacht wird, soll bundesweit umgesetzt werden, wenn die SPD an die Regierung kommt. Der Wegfall der Kitagebühren gilt als Super-Joker, mit dem die Partei junge Familien ködern will.

Die Idee klingt zunächst gut. Aber ich kenne viele Eltern, die würden lieber etwas zahlen, wenn dafür die Qualität der Betreuung verbessert würde. Damit auch ärmere Mütter und Väter ihre Kinder in die Kita schicken, könnte man ja Hartz-IV-Empfänger und Familien mit wenig Geld weiter befreien. Doch warum soll jemand, der 100 000 Euro pro Jahr und mehr verdient, nichts für die Betreuung seiner Kinder zahlen?

Wenn wieder von der Verwaltung gejubelt wird, wie viele Kitaplätze geschaffen wurden, geht oft leicht unter, wie diese ausgestattet sind. In Berlin kümmert sich ein Erzieher um sechs Kinder unter drei Jahren. Er oder sie muss wickeln, füttern, trösten. Sechs! So viele Arme und Beine kann man sich gar nicht wechseln lassen, wie man dazu benötigt.

In Baden-Württemberg müssen sich nur drei Kinder eine Betreuerin teilen. Warum kriegen die Schwaben das schon wieder so viel besser hin? Warum schafft Berlin das nicht?

Neulich machte ein Skandal Schlagzeilen, es ging um eine Kita in Prenzlauer Berg, in der eine Erzieherin monatelang Kinder misshandelt, an Matratzen gefesselt und zum Essen gezwungen hatte. Die Geschichte schockierte nicht nur Eltern mit Kindern im Kitaalter.

Ich las, dass einige Eltern den Träger angefleht haben, die Einrichtung trotz allem offen zu halten. Das fand ich erst seltsam, dann dachte ich daran, wie schwer es in manchen Kiezen ist, überhaupt einen Betreuungsplatz zu finden. Die Situation ist so angespannt, dass Eltern oft keine Wahlmöglichkeit haben, dass sie fast alles in Kauf nehmen müssen, wenn sie nicht beruflich flexibel sind.

Die Vorgänge in Prenzlauer Berg mögen ein Einzelfall sein, aber sie rühren an ein Unbehagen, das viele Eltern kennen, das Misstrauen gegenüber diesem oft instabilen, undurchsichtigen Gebilde namens Kindergarten. Wenn man Kinder hat, die noch nicht sprechen können, hat man oft keine Ahnung, was in den Stunden tagsüber passiert, der Alltag bleibt eine Black Box. Es geht nicht um Eltern, die jede Sekunde dokumentiert haben wollen, doch viele Erzieherinnen behandeln die Vorgänge wie Staatsgeheimnisse. Das schafft Misstrauen.

Mit dem Wegfall der Gebühren hat das Land Berlin eine Nachfrage geschaffen, die es gar nicht bedienen kann. Mehr als 2000 Plätze können nicht belegt werden, weil Personal fehlt. Wegen des Erzieherinnenmangels herrscht vielerorts ein Notbetrieb, mit verkürzten Öffnungszeiten und viel zu großen Gruppen. Die frühkindliche Bildung, die allen angeblich so wichtig ist, steht oft nur auf dem Papier.

Ich träume von einer perfekt ausgestatteten Kita mit liebevollen, motivierten Erziehern, die für ihre Arbeit gut entlohnt werden. Dafür würde ich gerne auch etwas bezahlen.

Pflicht-Elternzeit für Väter

Seit etwa 27 Jahren lebe ich in diesem Land, doch es gibt Momente, in denen ich mich fremd fühle. Neulich zum Beispiel wurde vom renommierten Institut für Arbeitsmarkt- und Berufsforschung eine repräsentative Studie herausgegeben, bei der es um die Vereinbarkeit von Beruf und Familie ging. Dabei kam heraus, dass die meisten Frauen (56 Prozent) glauben, Mütter sollten nach der Geburt des Kindes mindestens drei Jahre aus dem Beruf aussteigen. Ich konnte nicht glauben, was ich da las. Ich hatte nach der Geburt meines ersten Kindes nach einem Jahr wieder Lust auf den Job, mit allem Trennungsschmerz bei der Kitaeingewöhnung, die dazugehört. Aber drei Jahre zu Hause?

Wenn die Frauen in den Beruf zurückkehren, las ich weiter, sollen sie höchstens stundenweise arbeiten. Vollzeit arbeiten, damit sind laut Befragung auch dreißig Wochenstunden gemeint, finden die Befragten offenbar schlimm, das kommt erst infrage, wenn das Kind sieben Jahre alt ist. Mich erschreckte, was ich da las. Was ist los mit den Frauen? Haben sie keinen Job, den sie mögen? Wovon wollen sie leben, jetzt und später, wenn sie alt sind? Haben sie alle reiche Männer, Ersparnisse, Erbschaften?

Vor allem: Wie soll denn jemals eine gleichberechtigte Gesellschaft entstehen, wenn diejenigen, die am meisten davon profitieren würden, es offenbar gar nicht wollen? Man könnte meinen, die Zahlen, auf denen die Studie basiert, sind in den Fünfzigerjahren im Adenauer-Deutschland erhoben worden. Stimmt aber nicht. Sie stammen aus dem Jahr 2011, damals gab es schon das Elterngeld, aber noch nicht den Rechtsanspruch auf einen Kitaplatz ab dem ersten Geburtstag. Für die Studie wurden Frauen zwischen 18 und 60 Jahren befragt, gut, darunter sind wahrscheinlich auch etliche ältere westdeutsche Frauen, für die es normal war, als Mutter und Hausfrau jahrelang zu Hause zu bleiben. Jüngere Frauen und Frauen aus dem Osten können sich vorstellen, wieder früher in den Beruf einzusteigen. Aber auch ostdeutsche Frauen, für die die berufstätige Mutter jahrzehntelang die Regel war, halten nun laut Umfrage eine Babypause von zweieinhalb Jahren für angemessen. Liegt es daran, dass der Alltag mit kleinem Kind schon ohne Job schlaucht? Oder ist das populäre Konzept des Attachment Parenting schuld, mit Familienbett, Tragetuch und Langzeitstillen? Sosehr der bindungsorientierte Ansatz das Kind stärken mag, die Unabhängigkeit der Mutter schränkt er ein, auch die Möglichkeiten des Partners, bei der Betreuung zu helfen. Wer sein Kind jahrelang rund um die Uhr stillen will, hat wenig Energie für anderes.

Sicher, man sollte jedes Lebensmodell akzeptieren, allerdings wird das oft besonders lautstark von jenen eingefordert, die ihr eigenes Modell dann als Ideal darstellen. Wenn Deutschland ein moderneres Land werden will, mit gleichberechtigten Rollenmodellen, wäre ich dafür, die Männer stärker einzubinden. Bisher steigt nur jeder dritte Vater nach der Geburt des Kindes zeitweise aus dem Job aus. Es sollte zur Pflicht werden, dass auch die Väter einige Monate Elternzeit nehmen, damit beide Seiten sehen, dass es möglich ist, mit Kind zu arbeiten und sich zu Hause um Erziehung und Haushalt kümmern. Dann wird von Anfang an klar, dass die Familienarbeit nicht Frauensache ist. Die Männer, das steht übrigens auch in der Studie, würden gern weniger Stunden pro Woche arbeiten.

Das Dilemma der Vereinbarkeit

In meiner letzten Kolumne habe ich den Vorschlag gemacht, eine Pflicht-Elternzeit von zwei Monaten für Väter
einzuführen, um für mehr Gerechtigkeit zwischen den Ge-
schlechtern zu sorgen. Nach der Geburt eines Kindes sind
es meist die Frauen, die beruflich zurückstecken, oft unfrei-
willig. Nur eine Minderheit der Väter nimmt eine längere
Auszeit, die meisten arbeiten weiter.

Die Idee der Pflicht-Elternzeit wurde breit diskutiert, vor
allem in den sozialen Netzwerken, es gab viel Unterstützung, von Männern und Frauen, gute Hinweise, aber einige
Leser waren empört. Bei manchen Männern schien die Vorstellung, als Väter womöglich acht Wochen zu Hause mit
ihrem Baby verbringen zu müssen, große Panik hervorzu-
rufen. »Bevormundung«, »Einschränkung der individuellen
Lebensplanung«, »Entmündigung«, »verfassungswidrig«,
»Verbotsideologie« waren die Worte, die sofort fielen. Der
Berliner FDP-Abgeordnete Stefan Förster schrieb: »Und was
kommt danach? Die Pflicht für Großeltern? Mit Zwang erreicht man immer das Gegenteil.«

Einige Reaktionen zeigten auch, wie wenige Fakten offenbar über die Elternzeit und das Elterngeld bekannt sind.
Einem Berliner Linken-Abgeordneten war nicht klar, dass
auch Selbstständigen Elternzeit zusteht. Andere wussten

nicht, dass Männer durchaus mehr als die zwei sogenannten »Vätermonate« in Anspruch nehmen dürfen. Beide Elternteile können sich die Elternzeit fifty-fifty teilen und jeweils sieben Monate aussteigen. Macht nur kaum einer. Meistens steigen die Mütter ein Jahr aus, arbeiten danach mit geringen Stunden in Teilzeit weiter. Laut OECD sind in Deutschland Frauen mit Kindern deutlich seltener berufstätig als anderswo.

Es scheint, als wäre die Benachteiligung von Frauen so normal, so allgegenwärtig, dass sie gar nicht mehr groß auffällt. Frauen müssen in allen Lebensphasen mehr kämpfen. Wenn sie kein Kind haben, wird ihnen unterstellt, dass sie bald eins haben könnten und dann nutzlos werden. Wenn sie Mütter werden, wird ihnen nicht zugetraut, dass sie Verantwortung und interessante Projekte übernehmen wollen. Selbst Männer in Führungspositionen, die Kinder haben und berufstätige Partnerinnen, reflektieren offenbar die Vereinbarkeit von Familie und Beruf nicht.

Eine Studie der Frankfurt University of Applied Sciences fand kürzlich heraus, dass die klassische Führungskraft (männlich, 40 bis 49 Jahre, zwei Kinder) davon überzeugt ist, dass die Mütter in ihrem Betrieb kein Interesse an Karriere haben. Und das, obwohl die Chefs ihre Leistungen sehr positiv bewerteten. Man braucht schon ein großes Desinteresse an diesen Fragen, um nicht zu erkennen, dass sich ohne gesetzliche Regelungen nie etwas ändern wird, nicht die ungleiche Bezahlung, nicht die ungleichen Chancen zwischen Männern und Frauen.

Viele Männer sehen auch, dass sich was ändern muss, vielleicht schreien deshalb die Ängstlicheren unter ihnen so laut dagegen. Klar, eine stärkere Einbindung der Väter im ersten Lebensjahr würde nicht alles lösen, aber es wäre ein Anfang. Die neue Familienministerin Katarina Barley von der SPD hat kürzlich die Idee aufgebracht, etwas wie den Mutterschutz für Väter anzubieten. Einen gesetzlich garantierten, achtwöchigen Vaterschaftsurlaub. Das klingt besser als Pflicht-Elternzeit.

Urlaub auf Staatskosten

Je länger ich drüber nachdenke, desto mehr fällt mir auf, dass beim Elterngeld etwas schief läuft. Neulich zum Beispiel besuchte ich eine Preisverleihung, einer der Prämierten war ein Kollege einer großen Wochenzeitung. Auf der Bühne berichtete er beiläufig, dass er gerade aus dem Elternurlaub zurückgekommen sei. Die Wortwahl war verräterisch. Er war mit seiner kleinen Familie mehrere Monate in Thailand unterwegs gewesen, finanziert vom Elterngeld. Elternurlaub auf Staatskosten sozusagen.

Mehr als jeder dritte Vater nimmt inzwischen nach der Geburt eines Kindes eine Auszeit vom Job. Achtzig Prozent beantragen allerdings nur die zwei Monate, die Mindestzeit, die notwendig ist, um Anspruch auf Partnermonate zu bekommen. Statt zu Hause zu bleiben und zum Beispiel der Partnerin bei der Rückkehr an den Arbeitsplatz zu entlasten, nutzen viele die Zeit lieber für einen ausgedehnten Urlaub, Thailand, Neuseeland, Südafrika. Es ist ein richtiger Markt drum herum entstanden, es gibt sogar Ratgeber wie »Abenteuer Elternzeit«, die Tipps für das Reisen mit Baby geben.

War das so gedacht, als die Bundesregierung vor elf Jahren das Elterngeld einführte? Ist es notwendig, den Abenteuerhunger von Mittelschichteltern zu subventionieren?

Denn es sind ja vor allem gut verdienende Väter, die von der Leistung profitieren. Zwei Drittel der Väter in Elternzeit verdienen mehr als 1500 Euro netto, das belegen die Zahlen vom Statistischen Bundesamt. Das Elterngeld beträgt 67 Prozent vom Nettogehalt, maximal 1800 Euro. Wer wenig verdient, hat Schwierigkeiten, die laufenden Kosten vom geringen Elterngeld zu bezahlen. Weltreisen kann man knicken.

Wenn man acht Wochen gemeinsam am Strand verbringt, produziert das sicher schöne Erinnerungen. Mit dem Alltag hat so ein Urlaub aber wenig zu tun. Und es hilft der Frau auch nicht, den Wiedereinstieg im Job zu finden. Eine neue Studie belegt, dass Mütter bei Einstellungsgesprächen benachteiligt werden, egal ob sie eine kurze oder eine lange Elternzeit nehmen. Auf die Karrierechancen von Vätern hat die Länge der Elternzeit keinen Einfluss.

Ich erinnere mich, wie ich vor Jahren Freunde besuchte, die ihre Elternzeit am Strand bei Barcelona verbrachten. Er machte vormittags einen Sprachkurs, abends ging er zum Fußball, zwischendrin schob er das Baby spazieren. Sie machte den Rest, Windeln wechseln, einkaufen, kochen, abwaschen, nachts aufstehen. Nach der Elternzeit arbeitete er mehr als zuvor, machte Karriere. Das war vielleicht ein Extremfall. Aber wie anstrengend es ist, ein sehr kleines Kind oder sogar mehrere zu betreuen und den Haushalt zu organisieren, merkt man nur, wenn man länger allein dafür verantwortlich ist.

Das Elterngeld hat einen neuen Typus hervorgebracht: den symbolischen Vater. Der symbolische Vater ist wohl engagierter als die Generation vor ihm. Er nimmt zwei

Monate Elternzeit. Er wechselt Windeln, kennt sich aus mit Babybrei. Er inszeniert sich öffentlich als Vater. Abstriche oder Kompromisse bei seiner Karriere macht er aber eher selten. Ändern wird sich nur was, wenn man die Elternzeit neu organisiert: Vater und Mutter bleiben je sieben Monate zu Hause, bei 80 Prozent der Bezüge. Er kümmert sich um Haushalt und Baby, sie findet schneller wieder in die Arbeit. Und den Urlaub zahlt man bitteschön selbst.

Hebammen sind kein Luxus

Als meine Mutter in den 70er-Jahren im Kreißsaal lag, nahm man ihr das neue Kind, das sie kurz zuvor auf die Welt gebracht hatte, sofort weg. Das Baby, also ich, wurde in einen Schlafsaal nebenan getragen und nur zu festgelegten Zeiten herausgeholt. Stillen klappte nicht, weil es meiner Mutter niemand richtig zeigte, und sowieso galt Flaschennahrung als gesünder. Nach der Entlassung trug sie mich nach Hause, wenn sie Fragen hatte, ging sie zu ihrer Mutter nach nebenan oder wartete bis zur Mütterberatung, die einmal im Monat angeboten wurde. Eine Hebamme gab es nicht.

Klar, meine Mutter hat es hingekriegt, mich großzuziehen, ich bin aber trotzdem froh, dass ich eine bessere Versorgung hatte – eine von der Krankenkasse bezahlte Hebamme, die mich während und nach der Geburt unterstützte, mich zu Hause besuchte. Ohne ihre Hilfe wäre ich in der ersten Zeit verloren gewesen.

Eine gute Hebamme kann die vielen kleinen, scheinbar banalen Fragen beantworten: Wie legt man das Kind am besten an die Brust? Ist es normal, dass das Stillen so wehtut? Werde ich je wieder Sex haben? Eine gute Hebamme macht keinen Druck, eine gute Hebamme hilft der Frau, die plötzlich auch Mutter ist, in ihre neue Rolle hineinzufinden. Wird meine Tochter eines Tages auch noch Anspruch auf eine solche Hilfe haben? Wird es in zwanzig Jahren noch Hebammen geben?

Obwohl Politiker gern betonen, wie wichtig es ist, dass Frauen Kinder bekommen sollen, sind seit 1991 fast die Hälfte aller Kreißsäle in Deutschland geschlossen worden, weil Geburtsstationen als nicht profitabel gelten. Es mangelt angesichts steigender Geburtenraten an Hebammen, weil viele aufhören, Nachwuchs fehlt. Das liegt zum Teil an den gestiegenen Versicherungskosten, die den Verdienst schmälern. Es gibt auch andere Gründe.

Meine erste Hebamme hat nach drei Berufsjahren aufgehört, weil ihr der Alltag im Krankenhaus zu stressig war. Meine zweite Hebamme hört nach zwanzig Berufsjahren auf. Die Zahl der Anmeldungen in der traditionsreichen Vivantes-Hebammenschule geht drastisch zurück. Vielen ist der Job zu hart, zu wenig anerkannt.

Wegen der steigenden Geburtenrate ist die Lage in einigen Krankenhäusern so dramatisch, dass fest angestellte Hebammen inzwischen bis zu fünf Frauen gleichzeitig während der Geburt betreuen müssen. Immer öfter werden selbst Frauen mit Wehen an der Tür abgewiesen, weil die Kreißsäle überfüllt sind. Ich sah kürzlich eine junge Neuköllnerin im Fernsehen, die unter Tränen erzählte, wie sie ihre Tochter auf dem Beifahrersitz allein auf die Welt gebracht hat – nachdem sie vom Klinikum Neukölln abgewiesen worden war und es nicht mehr ins nächste Krankenhaus nach Tempelhof geschafft hatte. Bei der Frau ist es glimpflich ausgegangen, ihre Tochter ist gesund, aber was, wenn es Komplikationen gegeben hätte? Der Senat, auf den Fall angesprochen, redet sich heraus.

Es ist belegt, dass Frauen, die während und nach der Geburt intensiv betreut wurden, weniger Verletzungen haben und sich anschließend schneller von den Strapazen erholen. Eine gute, persönliche Betreuung durch Hebammen sollte kein Luxus sein, sondern eine Grundausstattung in einem modernen Land. Eigentlich wäre das ein tolles Kampagnenthema für den Wahlkampf. Welche Partei macht den Anfang?

Heult nicht rum, Eltern

Kürzlich wurde ich zu einem Beratungsgespräch eingeladen. »Wir erleichtern Ihren Alltag, wir helfen Ihnen im Haushalt«, versprach ein Flyer. Ich saß in der Küche, sah das schmutzige Geschirr im Waschbecken, die volle Waschmaschine, das hungrige Baby, und war interessiert, bis ich feststellte, dass es sich um ein Angebot eines Pflegediensts handelte. Wenn ich drüber nachdenke, wird mir dauernd angeboten, mich beim Altwerden zu unterstützen.

Ich fahre an Baustellen vorbei, auf denen Häuser für altersgerechtes Wohnen gebaut werden. Ich sehe in Bussen und Bahnen Werbung für Seniorenheime, die mir ihre Plätze anbieten. Einen Flyer, der mit Hebammenbetreuung oder Kitaplätzen wirbt, habe ich noch nie bekommen. Es liegt im Trend, sich als ehrenamtlicher Sterbebegleiter zu engagieren und regelmäßig fremde Menschen im Altersheim zu besuchen. Das Land, so scheint es, ist eher mit dem Sterben als mit dem Leben befasst. Die Vergangenheit wirkt für viele offenbar aufregender als die Zukunft, deshalb werden alte Stadtschlösser aufgebaut und Kreißsäle geschlossen.

Klar, die Beschäftigung mit dem Altwerden und Sterben ist wichtig, der Tod trifft jeden, während man sich für ein neues Leben, ein Kind, extra entscheiden muss. Eigentlich will die Mehrheit der Deutschen auch Kinder, doch die Nachrichten sind so abschreckend, dass manch einer den Wunsch lieber aufschiebt: In einigen Gegenden gibt es kaum noch ausreichend Hebammen, die sichere Geburten gewährleisten können, der Kitaausbau stockt, es fehlen Erzieher. Bei Arbeitgebern mangelt es oft am Verständnis für das Leben mit kleinen Kindern. Von der Stimmung her gilt Kinderkriegen als ein Ego-Trip. Ihr habt es doch so gewollt, heult nicht rum.

Die meisten Rentner helfen ihren Kindern und Enkeln. Doch durch ihre große Übermacht verändert sich was: Ein Drittel aller Wähler und die Hälfte aller Parteimitglieder ist über sechzig Jahre alt. Und die Parteien kümmern sich um die, die sie wählen, und das sind zunehmend Rentner. Deshalb werden neue milliardenschwere Wohltaten für Rentner beschlossen. Eine kluge Politik würde versuchen, die Nachteile der Demografie zu kompensieren, damit in dreißig Jahren noch Leute da sind, die die Rente erwirtschaften können, damit das Land nicht komplett einschläft.

Doch die einzige Zeit, in der viel über Familien geredet wird, ist die Wahlkampfzeit, da übertrumpfen sich die Parteien mit Versprechen. Die SPD wirbt mit Familienprämien, wenn beide Partner weniger Stunden arbeiten und sich die Betreuung kleiner Kinder teilen. Die CSU will jungen Eltern den Kinderwagen und Windeln schenken. Die Grünen haben angeblich zwölf Milliarden Euro für Familien zurückgelegt. Das liest sich alles ein wenig zu gut.

Wäre die Familienpolitik ein Haus, dann wäre das so, als ob ein Bauherr über goldene Klinken sinniert, bevor der Rohbau steht. Es wurden in den vergangenen Jahren etliche progressive Gesetze zugunsten der Familie, der Vereinbarkeit beschlossen, doch der familienunfreundliche Rahmen blieb intakt. Besser wäre es, die Grundlagen zu verbessern: Kitas richtig gut ausstatten, Erzieher und Hebammen angemessen bezahlen, ein zentrales Kitavergabesystem einführen, vernünftiges Elterngeld für alle.

Die Suche nach einem Kinderarzt

Vor einiger Zeit sind wir nach Pankow gezogen. Das Kind bekam gleich in der ersten Nacht in der neuen Wohnung Fieber, so dass wir uns am nächsten Tag auf die Suche nach einem neuen Kinderarzt machten. Wir gingen in die nächstbeste Praxis, doch als ich die Tür zum Warteraum öffnete, holte ich erstmal tief Luft. Dort sah es aus wie im Lageso während der Flüchtlingskrise; erschöpfte Mütter saßen mit ihren kranken Kindern auf dem Schoß auf dem Boden. Wer noch nicht krank war, holte sich hier garantiert einen Virus. Sie könne uns leider nicht mehr aufnehmen, sagte die Sprechstundenhilfe.

Die nächste Ärztin behandelte das Kind, aber nur als Notfall. Neue reguläre Patienten nehme sie nicht auf. »Ich behandele täglich einhundert Kinder und stehe kurz vor dem Burn-out«, sagte sie. Einen anderen Arzt im Kiez könne sie nicht empfehlen, ihre Kollegen seien überlastet, es gebe zu viele Kinder im Kiez. Zu viele Kinder!

Wir fanden dann eine Ärztin, ihr Wartezimmer war leer, die Burn-out-Gefahr offenbar gering. Die vielen Hinweisschilder an der Wand mit Verhaltensregeln übersahen wir. Die Sprechstundenhilfe wies uns in eines der Behandlungszimmer, es war vollgestopft mit Plüschtieren, Spielzeugautos und Puppen. Wir nahmen an, dass es sich um Spielzeug handelte. Mein Kind nahm begeistert ein paar Sachen aus dem Regal und verstreute alles auf dem Boden. Plötzlich kam die Arzthelferin angerast: »Schnell, schnell, aufräumen, die Ärztin kommt.« Ich packte hastig alles weg. Die Ärztin guckte streng. »Nun muss ich wieder alles desinfizieren, weil du alles angefasst hast«, sagte sie zum Kind. Sie hörte es ab und sah ihm in den Rachen. Als es weinte, sagte sie: »Reiß dich zusammen und mach nicht so ein Theater.« Das Kind war ein Jahr alt und hatte 39 Grad Fieber. Zusammenreißen ging nicht so gut.

Wenn man kleine Kinder im Kitaalter hat, sieht man den Kinderarzt häufiger als seine Freunde, zumal im Winter. Ich konnte mir nicht vorstellen, regelmäßig mit dieser Frau zu tun zu haben. Doch wie würde ich einen freundlichen und kompetenten Kinderarzt in meinem Kiez finden, bei dem ich nicht zwei, drei Stunden warte?

In den vergangenen Jahren sind viele Menschen nach Pankow gezogen, kein anderer Bezirk ist so beliebt. Es fehlen Kitaplätze, Schulen – und eben Kinderärzte. Eine Freundin rief fünfzehn Ärzte an, bevor sie einen fand, der keinen Patientenaufnahmestopp verhängt hatte. Andere Eltern gehen gleich direkt zur Rettungsstelle im Krankenhaus – die eigentlich für Notfälle gedacht ist. So sitzt man mit einem fiebernden, unruhigen Kleinkind drei Stunden im Warteraum. »90 Prozent der Fälle, die wir behandeln, sind keine Notfälle«, sagt eine genervte Kinderärztin vom Klinikum Buch. Manche Familien kämen mit ihren drei Kindern, um die Pflichtuntersuchungen machen zu lassen. Andere brächten das Kind schon mit erhöhter Temperatur ins Krankenhaus. Wer es sich leisten kann, holt den privaten Kinderarzt-Dienst, der für 150 Euro auch abends oder am Wochenende kommt.

Statistisch hat Berlin genügend Kinderärzte, aber nicht dort, wo sie gebraucht werden. Die Bedarfsplanung orientiert sich an Richtwerten aus den 90er-Jahren, wachsende Bevölkerung und Geburtenraten bleiben unberücksichtigt. Doch weil sich, wie so oft in Berlin, keiner zuständig fühlt, wird das Problem nicht angepackt.

Verratene Ideale

In der *Süddeutschen Zeitung* las ich im Januar 2018 in einem Artikel, dass die Grünen mehr junge Frauen in die Führungsgremien holen wollten. Es ging um die Neubesetzung der Spitze der Bundestagsfraktion. Drei weibliche Abgeordnete zwischen 32 und 41 Jahren wurden gefragt, ob sie bei der Wahl antreten wollen. Sie wollten nicht, weil da Kinder kommen könnten oder welche unterwegs sind.

Ausgerechnet bei den Grünen, die seit Jahrzehnten für Frauenrechte kämpfen, trauen sich die Frauen nichts zu, sortieren sich selber schon mal aus, weil Mütter ja in der Politik nichts zu suchen haben? Ich habe auf der Website nachgeschaut, ob sich etwas im Programm geändert hat. »Selbstbestimmung, Gleichberechtigung und die Hälfte der Macht den Frauen. Dafür kämpft die grüne Frauenpolitik. Unsere Geschichte ist geprägt von Feminismus und von Frauen, die ihre Rechte durchsetzen – mit den Männern, wenn möglich, gegen sie, wenn nötig«, steht dort. Von Frauen, die freiwillig auf ihre Rechte verzichten, steht dort nichts. Wie kann man sich über zu viele Männer in Führungspositionen beschweren, sich für Gesetze für eine Frauenquote, Lohngerechtigkeit einsetzen und dann aber zurückzucken, wenn es darauf ankommt?

Wenn es stimmt, dass die Politikerinnen eine Kandidatur

wegen einer möglichen Schwangerschaft ablehnen, dann verraten sie damit die Ideale ihrer Partei. Ich kann das emotional nachfühlen, ein Baby stellt die eigene Welt auf den Kopf, aber politisch enttäuscht mich diese Haltung. Sie erinnert an ein Problem, das die Facebook-Chefin Sheryl Sandberg in ihrem Bestseller »Lean In« beschreibt: Ihr sei aufgefallen, dass Kolleginnen oft vorauseilend Karriereschritte ablehnen, weil sie ein Baby planten. Sie empfiehlt: »Don't leave before you leave.«

Wenn man in der Bundesrepublik (West) aufgewachsen ist, wurde einem von früh an erzählt, dass man sich entscheiden muss, zwischen Beruf und Muttersein. Die beiden Sphären hatten wenig miteinander zu tun: Man machte sich als Mutter verdächtig, ein bisschen langweilig geworden zu sein. Viele erfolgreiche Frauen verzichteten auf Kinder.

Die Grünen waren angetreten, es anders zu machen. 1984 wählte die Bundestagsfraktion einen rein weiblichen Vorstand, das sogenannte Feminat. In den Jahren nach der Wiedervereinigung entstand, auch durch die Erfahrungen der Ost-Frauen aus Bündnis '90, ein neuer, gesamtdeutscher Feminismus. Es wurde in den vergangenen 15 Jahren politisch viel dafür getan, dass Mütter nach der Geburt eines Kindes schnell wieder an den Arbeitsplatz zurückkehren und Väter sich stärker um die Familie kümmern können.

Seit Kurzem gibt es einen Gegentrend. Berufstätige Mütter schreiben, dass es unmöglich ist, berufstätige Mütter zu sein. Ihre Texte heißen »Warum Frauen nicht alles haben können« oder »Die Alles-ist-möglich-Lüge«. Es geht um die Doppelbelastung, um die Schwierigkeiten, den Alltag zu organisieren, fehlendes Verständnis am Arbeitsplatz. Viele Frauen scheinen sich dem entziehen zu wollen, indem sie in alte Muster zurückfallen. Rückzug ist vielleicht kurzfristig der einfachere Weg. Aber wenn Frauen weiterhin so denken, dann wird sich an den Strukturen der Arbeitswelt nie etwas ändern. Besonders Grünen-Politikerinnen sollten doch wenigstens versuchen, ihre eigenen Ideale zu leben.

Mütter, Töchter und #MeToo

Meine Oma ist als junge Frau vergewaltigt worden. Sie wurde schwanger, bekam ein Kind. Meine Mutter. Das ist vor ein paar Jahren herausgekommen, ich habe darüber bereits geschrieben. Ich würde gerne wissen, was meine Oma über #MeToo sagt, aber ich kann es mit ihr nicht mehr besprechen. Also rede ich mit meiner Mutter.

Meine Mutter versteht die Kampagne nicht ganz. Warum kommen die Schauspielerinnen erst jetzt, so viele Jahre später, mit ihren Anschuldigungen heraus? Warum haben sie sich nicht früher gewehrt? Aus der Sicht meiner Mutter, Jahrgang 1951, scheint Sexismus vor allem ein Problem von Frauen zu sein.

Ich widerspreche ihr und sage, dass es nicht stimmt, dass sich die Frauen erst jetzt melden. Einige Schauspielerinnen, die mutmaßlich vom deutschen Regisseur Dieter Wedel in den Achtzigerjahren belästigt und bedrängt wurden, haben direkt danach Kollegen und Agenten um Hilfe gebeten. Aber sie wurden ignoriert, nicht ernst genommen, abgekanzelt, verunglimpft. Zur Polizei trauten sie sich dann erst recht nicht mehr. Erst jetzt, nachdem Schauspielerinnen in Hollywood eine Kampagne gegen Sexismus in Gang gebracht haben, hört man ihnen zu.

Meine Mutter kennt Ashley Judd nicht, die als eine der

Ersten öffentlich von den Übergriffen des Hollywood-Produzenten Harvey Weinstein berichtete, sie kennt auch nicht die ehemalige Berliner Schauspielerin Jany Tempel, die Dieter Wedel vorwirft, sie zum Sex gezwungen zu haben. Meine Mutter kennt Catherine Deneuve, Brigitte Bardot, das sind ihre Heldinnen. Berühmte Frauen, mit denen sie sich lieber identifiziert. Bardot und Deneuve sagen, die Kampagne #MeToo ist übertrieben und gefährlich, sie warnen vor Männerhass. Wem soll man glauben?

Meine Mutter sagt, dass man die Geschichte ihrer Mutter nicht mit den Geschichten der Schauspielerinnen vergleichen kann. »Mutter war ein Flüchtlingskind, arm, auf sich allein gestellt, ausgeliefert, Vater kam aus dem Krieg«, sagt sie. Die Schauspielerinnen hätten sich freiwillig in ein schwieriges Geschäft begeben. Sie hätten sich wehren können, so ihre These. »Warum haben sie den Männern nicht eine geknallt?«, sagt meine Mutter. »Da spielten wohl doch Karriere- und Geldwünsche eine Rolle«, vermutet sie.

Für meine Mutter ist sexuelle Belästigung ein Naturgesetz, das man hinzunehmen oder zumindest im Privaten zu regeln hat, ihre eigene Geschichte ist eher Bestätigung als ein Ansporn zur Veränderung. Meine Mutter nimmt, bewusst oder unbewusst, die Position der Männer ein. Vielleicht liegt es daran, dass sie selber von ihrer Mutter mitbekommen hat, dass Frausein keinen Wert an sich hat, dass man sich in die passive Rolle zu fügen hat. Sie lässt nebenbei fallen, sie selbst sei als Studentin in Berlin belästigt worden, das war halt so.

Ich erzähle ihr von einer Begebenheit in England, ein Politiker hat mich nach einem Interview begrapscht, versucht, mich zu küssen. Ich rannte aus dem Auto weg, in dem ich mit ihm saß, er rief mich nachts im Hotel an und bedrohte mich. Ich flüchtete frühmorgens im Taxi aus der Stadt. »Das hast du gar nicht erzählt«, flüstert meine Mutter. Ich sage, dass ich mich geschämt habe. Ich habe gedacht, ich hätte falsche Signale ausgesendet. Meine Mutter schweigt. Wir werden weiterreden.

Bitte nur Paare ohne Kinder

Eine Freundin sucht seit einiger Zeit eine größere Wohnung. Einmal sah sie eine Anzeige, die ihr auffiel. 140 Quadratmeter in Pankow am Schlosspark, fünf Zimmer, 1800 Euro. Bisschen teuer, aber viel Platz. Sie rief die Nummer an, die in der Anzeige angegeben war. Die Maklerin klang nett. Meine Freundin machte dann den Fehler zu sagen, dass sie zwei Kinder hat. Da war die Maklerin nicht mehr so nett. »Wir vermieten nur an Paare ohne Kinder«, sagte sie mit Nachdruck. Wozu braucht ein Paar ohne Kinder fünf Zimmer? Für den Flügel? Den Hund?

Nach der Geburt unseres Sohnes suchten wir auch eine größere Wohnung. Unser Kiez war zu teuer geworden, weil die halbe Welt beschlossen hatte, nach Kreuzberg zu ziehen. Wir hätten uns noch ein Zimmer mit Küchenzeile mieten können. Ich fand eine Wohnung in Lichtenberg, die mir gefiel, aber der Vermieter wollte keine Kinder. »Wir haben das Parkett gerade erst abgeschliffen«, sagte er. Tja. So landeten wir in einer stillen Ecke von Pankow, in einer hellen, gut geschnittenen 3-Zimmer-Wohnung. Früher lebte darin eine Frau allein, wir sind inzwischen zu viert. Das passt schon, die Kinder sind klein und werden noch eine Weile in ihrem gemeinsamen Zimmer auskommen. Und wer weiß, vielleicht entdeckt jemand, dass Berlin in einer Erdbebenzone liegt, niemand will mehr her, die Preise stürzen ab, dann können wir umziehen und ein drittes Kind bekommen. Wahrscheinlich werden wir aber die nächsten zwanzig Jahre bleiben und Trennwände einziehen. Ich merke, wie mich magisch Zeitschriftentitel anziehen, in denen »Lösungen« für kleine Wohnungen versprochen werden. Da sieht man dann Familien, die angeblich mit fünf Kindern auf 50 Quadratmetern wohnen, und trotzdem ist keine Ecke vollgestopft.

Wir gehörten bisher nicht zu denen, die von einer Eigentumswohnung träumten. Uns fehlte auch das Erbe dazu. Aber jetzt sorgt sich der Staat um meine Wohnsituation, las ich in der Zeitung. Deshalb wurde etwas Neues erfunden, das Baukindergeld. Der Staat möchte, dass ich eine Wohnung kaufe oder ein Haus baue, dabei unterstützt er mich und meine Familie mit 1200 Euro pro Kind jährlich für zehn Jahre. Es gibt eine Einkommensgrenze, die liegt bei einem Kind bei einem Brutto-Einkommen von 100000 Euro pro Jahr, weit über dem durchschnittlichen Bruttojahresgehalt der Berliner von 48000 Euro.

1200 Euro jährlich pro Kind, über zehn Jahre verteilt – 24000 Euro würde uns der Staat schenken. Klingt super. Ich fühlte mich sofort motiviert, die Immobiliensuche zu beginnen, ich schaute in einem der einschlägigen Portale nach und suchte nach 4-Zimmer-Wohnungen in Pankow. Die Suchmaschine spuckte mir acht Angebote aus, das ist weniger als erwartet. »Wunderschöne neue 4-Zimmer-Wohnung in Toplage«, steht oben. Der Neubau in Toplage befindet sich in Alt-Pankow, 15 Gehminuten vom S-Bahnhof. 110 Quadratmeter, 545000 Euro. Huch. Das sind ja Londoner Preise, sagt mein Mann. Selbst mit dem Zuschuss vom Staat fehlen uns 521 000 Euro. Wenn wir jeden Monat eintausend Euro abbezahlen würden, bräuchten wir mindestens 43 Jahre, bis die Wohnung uns gehört. Ohne Zinsen oder sonstige Extras. Dann wäre ich 86 Jahre alt.

Das Baukindergeld ist offenbar von Immobilienspekulanten erfunden worden. Ich lese erst mal weiter Einrichtungstipps.

Plädoyer für die 28-Stunden-Woche

Eine Bekannte berichtete neulich, dass sie sich mit ihrem Mann darüber gestritten habe, wer nach der Elternzeit wie lange arbeiten gehen darf. Wenn sie Vollzeit arbeitet, wie sie es sich wünschte, wer übernimmt die Kinderbetreuung nach der Kita? Er, Programmierer, überlegte, seine Stunden zu reduzieren, aber der Chef war dagegen. Am Ende schlüpften die beiden in die alten Rollenmodelle wie in eine bequeme Jeans. Er macht weiter den Achtstundentag, sie arbeitet Teilzeit, holt die Kinder ab, kauft ein, macht Abendbrot. Sie hat zwei Jobs, nur einer davon wird bezahlt. Meine Bekannte, promovierte Chemikerin, ist enttäuscht. Sie weiß, dass in den nächsten Jahren die spannenden Projekte, die Beförderungen wohl an diejenigen gehen werden, die nicht um halb vier zur Kita rennen müssen.

Warum ist die Arbeit, die Mütter leisten, weniger wert? Was muss sich ändern, damit Mütter und Väter sich ihre Pflichten besser aufteilen können als bisher?

Es wird einiges getan, ein paar Kitaplätze hier, Väter-Monate da. Politisches Ziel ist es, Frauen in die gleiche Norm zu pressen, die die Männer schon über Jahrzehnte beschädigt hat. Mütter sollen möglichst schnell nach der Geburt möglichst Vollzeit arbeiten, nicht den Anschluss verlieren, etwas für die Rente tun.

Das gab es schon mal in einem Teil von Deutschland: dass Vollzeitarbeit für Männer und Frauen die Norm war, egal, ob mit oder ohne Kinder. Und es funktionierte, weil es eine flächendeckende, umfassende, kostenlose Versorgung mit Kitaplätzen sowie Ganztagsschulen mit Mittagessen gab. Das fehlt heute.

In Umfragen sagen 60 Prozent der Eltern kleinerer Kinder, dass sie sich Beruf und Familienarbeit gern gleichberechtigt aufteilen wollen. Nur zwei Prozent gelingt das auf Dauer. In dem Wunsch äußert sich auch ein neues Zeit- und Lebensgefühl. Der Achtstundentag macht nicht glücklich, zumal wenn man sich in einer anstrengenden Lebensphase befindet. In der Arbeitswelt sollte man sich darauf einstellen, dass die jüngeren Frauen und Männer längst nicht nur nach Gleichberechtigung streben, sondern sich auch andere Lebensmodelle wünschen.

Die Soziologin Jutta Allmendinger hat sich ein Konzept ausgedacht: Paare sollen in der Zeit, in der sie kleine Kinder oder kranke Eltern zu versorgen haben, weniger arbeiten dürfen. Radikaler wäre es, wenn man die Arbeitszeit grundsätzlich auf 30 Wochenstunden verkürzen würde. Utopisch? Forscher des Max-Planck-Instituts haben 2011 errechnet, dass es reichen würde, wenn alle 20- bis 65-Jährigen 25 Wochenstunden arbeiteten, vorausgesetzt, auch einige Rentner steuerten wenige Stunden bei. Wenn alle weniger Zeit am Arbeitsplatz verbringen, könnten sich Mütter und Väter die Familienarbeit besser aufteilen. Männer müssten nicht nur Geldverdiener sein und Frauen nicht nur die Kümmerer, beide könnten beides sein. Die Karrierevorteile, die kinderlose Mitarbeiter haben, würden verschwinden.

Einen Schritt in die Zukunft macht nun eine Gewerkschaft. Die IG Metall, deren Mitglieder zur Hälfte weiblich sind, hat bei Tarifverhandlungen durchgesetzt, dass die von ihr vertretenen Beschäftigten ein zeitlich begrenztes Recht auf eine 28-Stunden-Woche haben, ohne wesentlich weniger Geld zu verdienen. Der Vorschlag ist nicht perfekt, aber es ist ein Anfang.

Gute Kinder, schlechte Kinder

Gerade wird viel darüber diskutiert, wie schwer oder leicht Frauen, die ungewollt schwanger sind, an Informationen über einen Abbruch herankommen sollen. Ich war einmal in der umgekehrten Situation. Mir wurde ein Schwangerschaftsabbruch von einem Arzt nahegelegt, den ich nicht wollte. Ich hatte nicht zu wenig Information, sondern zu viel.

Es war vor einigen Jahren, ich war schwanger, und meine Frauenärztin schien beunruhigt zu sein. Wenn sie von meiner Schwangerschaft sprach, setzte sie das Wort Risiko davor. Sie empfahl mir mehrere Tests, unter anderem eine pränatale Untersuchung, die Behinderungen aufspüren soll. Siebzig Prozent aller Schwangerschaften, las ich in einer Broschüre, werden heute als riskant eingeschätzt. Es betrifft Frauen, die unter 18 oder über 35 sind, die Mehrlinge erwarten, chronisch krank oder viel zu dick sind.

Ich war nicht dick, ich war über 35. War die Untersuchung notwendig? Man fühle sich besser danach, sagten meine Freundinnen, die auch erst mit Ende 30 ein Kind bekommen haben, dann wisse man: alles okay. Zwölf Wochen war ich schwanger, als ich beim Ultraschall-Arzt auf der Pritsche lag und auf den Flachbildschirm starrte. Ich sah die Ärmchen, die kleinen Finger, das Herz. Das konnte man alles schon sehen. Der Arzt setzte Messpunkte und sprach von der Nackenfalte. Er nannte einen Wert: 1:800. Das sei die Wahrscheinlichkeit, dass mein Kind eine Chromosomenstörung hat. Das Risiko erschien mir gering, ich war froh. Aber der Arzt bot mir eine Blutuntersuchung an, zur Sicherheit.

Ein paar Tage später rief er mich an. Er klang routiniert. Die Blutwerte seien sehr schlecht und die Gefahr, dass mein Kind an Down-Syndrom leide, sehr hoch. Er könne einen Beratungstermin vermitteln, sagte er am Telefon, für eine Abtreibung. Das Wort hing eine Weile in der Luft. Dann legte er auf. Ich saß da wie eingefroren. Ich muss daran jetzt oft zurückdenken. Wie verlogen diese Debatte um Schwangerschaftsabbrüche doch geführt wird. Und wie einseitig. Wie kam der Arzt dazu, mir die Entscheidung vorwegzunehmen, als hätte mein Kind sowieso keine Chance?

Frauen werden unter Druck gesetzt, wenn sie ein Kind nicht behalten wollen. Frauen werden auch unter Druck gesetzt, wenn sie ein Kind behalten wollen – weil es nicht perfekt erscheint. Neunzig Prozent aller Frauen, die erfahren, dass ihr Kind Down-Syndrom haben könnte, entscheiden sich für eine Abtreibung. Wenn sich bei einer Untersuchung herausstellt, dass Frauen ein Kind mit einer Behinderung oder einem Organfehler erwarten, sind Abtreibungen auch nach der zwölften Woche erlaubt. Sogar auch dann noch, wenn das Kind lebensfähig wäre. Die Zahl der Spätabbrüche nach der 22. Woche nimmt seit Jahren zu. Wie trifft man so eine Entscheidung, und wie kommt man später damit klar? Woher soll man wissen, ob ein Kind später ein lebenswertes Leben führen kann, und was ist das überhaupt? Ich stellte mir diese Fragen, doch es gab keine Antworten. Nur mehr Tests.

Die nächste Untersuchung zahlte ich selber, weil sie von der Krankenkasse nicht übernommen wurde. Negativ, kein Hinweis auf Chromosomenstörung. Das Kind kam gesund zur Welt. Bei der nächsten Schwangerschaft ließ ich keine Spezial-Untersuchungen mehr machen. Zu dem Ultraschall-Arzt bin ich nie wieder gegangen.

Lehren aus der Kita-Krise

Wenn ein Kind geboren wird, dauert es etwa eine Woche, bis es einen Brief vom Finanzamt erhält. »Sehr geehrte«, steht darin, adressiert an das Baby, »hiermit teilen wir Ihnen Ihre Steuernummer mit.« Wenn alles so schnell gehen würde, die Suche nach einer Hebamme, einem Kinderarzt, einem Kitaplatz, lebten wir in einem Wunderland.

Aber eins versteht man schnell: Wenn es darum geht, Eltern darauf hinzuweisen, dass sie nicht einfach nur ein süßes Baby im Arm halten, sondern auch die künftigen Beitragszahler, können die Behörden von Merkellandia schnell und effizient arbeiten. Als Beitragszahler sind Kinder nicht nur willkommen, sondern notwendig. Es mag in Prenzlauer Berg oder im Kreuzberger Graefekiez nicht so wirken, aber es gibt in Deutschland viel mehr Rentner als Kleinkinder. Trotzdem werden Eltern wie nervige Bittsteller behandelt, in einem Ton von oben herab. Sie sollen ihren Nachwuchs bitte schön zu verlässlichen Steuerzahlern erziehen, nebenbei auch selber Rentenpunkte sammeln, aber wie sie das alles auf die Reihe kriegen, ist ihr privates Problem. Ihr wolltet es doch so.

Zum Beispiel Kitaplatz-Suche. Wer in den vergangenen drei Jahren in Berlin eine Betreuung für ein kleines Kind suchte, konnte merken, dass etwas nicht funktionierte. Ich habe zweimal nach einem Platz gesucht, in Kreuzberg und Pankow, den Hotspots der jetzigen Kitakrise. Ich stellte fest, dass das System offenbar darauf angelegt ist, Eltern maximal zu verunsichern. Zwanzig bis dreißig Kitas habe ich angerufen, manche winkten sofort ab, andere setzten meinen Namen auf die Warteliste. Der Zeitpunkt, an dem ich beziehungsweise mein Mann wieder arbeiten sollte, rückte näher, ohne dass wir eine Zusage hatten. Nach welchen Kriterien über die Platzvergabe entschieden würde, war undurchsichtig. Ich lernte, dass man sich lieber auf zwei, drei Kitas in der Umgebung konzentriert, statt einhundert Einrichtungen anzuschreiben. Ich besuchte Informationsveranstaltungen von Kitas, in denen Frauen mit dickem Bauch saßen. Das Kind, das sie anmelden wollten, war noch gar nicht geboren. Ich zog meinen Sohn schick an und zeigte ihn auf dem Sommerfest der Wunschkita herum. Ich ließ in Gesprächen einfließen, dass die Bauarbeiten auf dem Kitagelände mich nicht stören und dass wir auch kein Frühenglisch brauchen. Ich schickte den Papa, weil Männer offenbar auch bei der Kitaplatzvergabe oft mehr Erfolg haben. Manchmal fühlte ich mich, als würde ich um einen Job kämpfen. Wenn ich mich im Job so angestrengt hätte, wäre ich *Spiegel*-Chefredakteurin oder Nobelpreisträgerin.

Seit meiner Suche hat sich die Lage an den Kitas noch verschlechtert, weil es mehr Kinder gibt, weil mehr Erzieher pro Gruppe nötig sind, insgesamt aber Personal fehlt. Bis vor Kurzem hat die Bildungsverwaltung geleugnet, dass es überhaupt einen Engpass gibt. Das war wie bei den steigenden Mieten, das wollte im Senat auch keiner wissen. In dieser Woche wurde erstmals bestätigt, dass 2500 Plätze fehlen. Selbst wenn sich im Sommer die Lage entspannt, muss das System reformiert werden, mit einem besseren Vergabesystem und mehr Erzieherinnen.

Wir hatten übrigens Glück. Wir haben einen Platz in einer sehr guten Kita gefunden. Aber aufs Glück sollte es nicht ankommen.

Weg mit der Teil-Zeit

In dieser Woche las ich, dass die Regierung ein Recht auf befristete Teilzeit-Arbeit plant. Ich stolperte jedes Mal über das Wort. Teilzeit. Teil-Zeit. Man kann seine Tage aufteilen, die Woche, aber die Zeit? Gibt es Teil-Schwangerschaften? Oder Teil-Ehen? Wie geht das? Man ist verheiratet, aber nur von Montag bis Mittwoch? Teilzeit klingt nach etwas Halbem, Unfertigem. Nach einer Zeit, die irgendwie weniger wert ist. Wenn man das Wort bei Google eingibt, kommt man auf »Teilzeit-Falle«. In dieser Falle steckten viele bisher; wer einmal reduziert hatte, dem war es fast unmöglich, die Stunden wieder aufzustocken. Die GroKo will das jetzt ändern. Aber bringt das was?

Teilzeit ist Frauensache, so wie Tampons, Wäsche waschen und Romane von Jojo Moyes. Von den rund neun Millionen Beschäftigten mit Teilzeit-Jobs sind achtzig Prozent Frauen – Frauen mit Kindern, um genau zu sein. Während die Mehrheit der kinderlosen Frauen Vollzeit arbeitet, sind es bei denen mit Kindern nur 26 Prozent. Bei den Männern ist es umgekehrt, sie arbeiten nach der Geburt eines Kindes sogar oft noch mehr: 91 Prozent aller Männer mit Kindern arbeiten Vollzeit, aber nur 76 Prozent der Männer ohne Kinder. Teilzeit-Papas sind so selten wie Breitmaulnashörner.

Ich erinnere mich an einen früheren Chef, der sich darüber beschwerte, wie viele Teilzeit-Muttis er im Team habe und wie schwierig die Arbeitsorganisation dadurch sei. Damals hatte ich noch keine Kinder. Aber ich merkte mir, dass Teilzeit was ganz Übles ist. Die Mütter waren übrigens genauso fleißig, wenn nicht fleißiger als ihre Kollegen. Wer Teilzeit arbeitet, wird bestraft. Man bekommt weniger Gehalt, hat weniger Aufstiegschancen und später weniger Rente. Am Ende zahlen vor allem Frauen mit Kindern drauf. Ihren Zweitjob – Kind von der Kita abholen, Hausaufgaben machen, Familienhaushalt organisieren – erledigen sie nebenher, ganz selbstverständlich, ohne dass darin jemand besonders viel Wert sieht. Die Quittung kommt per Rentenbescheid: Die durchschnittliche Rente von Frauen ist etwa halb so hoch wie die der Männer. Es mag bitter klingen, aber Frauen, die sich vor Altersarmut fürchten, sollten lieber keine Kinder bekommen, sondern als Single viel arbeiten.

Solange die Vierzig-Stunden-Woche das Ideal bleibt, ist es auch fast egal, wie man reduziert, man macht es fast immer falsch: Reduziert man auf nur wenige Stunden, verliert man Gehalt und Chancen im Job. Arbeitet man mit 32 Stunden »vollzeitnah«, wie es so schön heißt, muss man im Prinzip die gleiche Arbeit in weniger Zeit schaffen und verzichtet auf Gehalt. Auch ein Schuss ins Knie.

Das neue Gesetz sieht vor, dass Beschäftigte bis zu fünf Jahre in Teilzeit gehen dürfen und danach ihre Stunden wieder aufstocken können. Es ist eine typische Halb-Reform, mit lauter Ausnahmen und Einschränkungen. Es wird nicht dazu führen, dass die Väter scharenweise zu ihren Chefs rennen, um Stunden zu reduzieren und sich mehr um die Kinder zu kümmern. Weil sich ja am Image nichts ändert. Und was nützt das Recht auf befristete Teilzeit, wenn es sich für verheiratete Frauen mit Kindern weiter eher lohnt, einen Minijob anzunehmen, wegen der Steuern, wegen der Gratis-Mitversicherung?

Das Teilzeit-Gesetz ist nicht falsch, hilft Müttern aber wenig weiter. Ehrlicher wäre, wenn man darüber nachdenken würde, wie man die Arbeitszeit über den Lauf des Lebens anders organisieren könnte, für Männer und Frauen. Den Begriff Teilzeit sollte man abschaffen, wie Hartz IV.

Warum müssen Eltern um alles betteln?

In keiner Politiker-Rede darf die Floskel fehlen, dass Kinder die Zukunft seien. Vielleicht glauben manche das sogar, aber daraus sollte man nicht schlussfolgern, dass junge Eltern hierzulande besonders unterstützt oder wertgeschätzt werden.

Es fängt schon vor der Geburt an. In manchen Gegenden Deutschlands findet man keine Hebamme mehr, auch in Berlin ist es schwer geworden. Hat man einmal entbunden, alle Papiere zusammen, dann lassen sich die Ämter sehr lange Zeit mit der Ausstellung der Geburtsurkunde. Eine Freundin in Mitte wartete fast sechs Wochen. Das ist eine Zeit, in der man täglich eine Million Handy-Fotos des süßen Babys machen, aber keinen Antrag auf Kinder-, Elterngeld und Krankenversicherung stellen kann. Weiter geht's mit der Suche nach einem Betreuungsplatz, man zieht bettelnd von Kita zu Kita.

Sucht man Hilfe beim Jugendamt, bekommt man patzige Antworten oder vorgedruckte Schreiben voller nutzloser Floskeln. Wenn man in einer guten Kita landet, betet man für die Gesundheit der Erzieherinnen. Wenn man in einer schlechten Kita landet, erträgt man, dass die Erzieherinnen den sonnigen Tag lang drin sitzen, weil sie keine Lust haben, zwanzig Kinder anzuziehen. Man hat keine Wahl. Vergangene Woche wurde vom Senat entschieden, dass künftig eine Erzieherin nicht nur vier, sondern fünf Babys unter zwei parallel betreuen soll. Also trösten, beschäftigen, füttern, sauber machen, herumtragen, Akten und Gespräche führen.

Hat das jemand schon mal im Heimversuch probiert, mit Fünflingen?

Warum dieses Desinteresse? Warum wird alles, was mit dem Anfang des Lebens zu tun hat, so gering geschätzt? Warum wird einerseits dauernd gefordert, dass Frauen alles schaffen, Kinder, Karriere und gleichzeitig so wenig getan, um das umzusetzen? Die Fähigkeit, Kinder zu gebären, könnte Frauen zu Superhelden machen. Aber das ist so eine Meinung, die man auf Grußkarten druckt. Kein Politiker, der hoch hinaus will, träumt davon, Frauen- oder Familienpolitiker zu sein. Es ist stets eines der letzten Ressorts, die verteilt werden. Gab es jemals in den vergangenen Jahren eine Talkshow zum Hebammen-Mangel? Zu den Hürden beim Kitaausbau? Diese Hundepetition, die um »Gnade mit Chico« warb, erhielt mehr Unterschriften als eine, die eine bessere Kinderbetreuung forderte. Muss man mehr wissen?

Als ich mit dieser Kolumne vor über einem Jahr anfing, fragte eine Kollegin, ob ich jetzt nur noch über Mütterthemen schreiben würde. Ich glaube, sie hätte es eher verstanden, wenn ich eine Katzenkolumne begonnen hätte, als über das Drama von Geburten oder die Schwierigkeiten mit der Kitaplatz-Suche zu schreiben. Wenn Frauen ernst genommen werden wollen, ergreifen sie Männerberufe, werden Kriegsreporterin, Steuerfahnderin. Ich sprach von »wichtigen Themen« und merkte, wie ich mich rechtfertigte.

So trägt man dazu bei, die Unterschiede in der Bewertung von Männern und Frauen zu vertiefen – und die Arbeit, die klassischerweise von Frauen verrichtet wird, wird weiter klein gehalten. In der vergangenen Woche empfahl Kanzlerin Angela Merkel anlässlich des Girls Days, dass Mädchen doch Physikerin werden sollen, dann bekämen sie garantiert einen Job. Sie hätte auch sagen können, werdet Erzieherin, denn wir wollen die Besten für diesen Beruf und werden ihn künftig auch dementsprechend bezahlen.

Eltern in der Vollzeit-Falle

Warum gilt es als normal, dass Eltern mit kleinen Kindern dauernd erschöpft sind, fragte die bekannte Feministin Teresa Bücker kürzlich auf einer Konferenz. Damit traf sie einen Nerv. Ich wusste genau, was sie meinte. Fast alle Eltern kleinerer Kinder, die ich kenne, sind berufstätig, fast alle fühlen sich wie in dem Song von Velvet Underground: »I am tired / I am weary / I could sleep a thousand years.« (Ich bin müde / ich bin erschöpft / ich möchte tausend Jahre schlafen.) Sie sprechen vom »Alltagswahnsinn«, sie reden davon, dass alles läuft, solange keiner krank wird. »Dann bricht alles zusammen«, sagen sie und lachen dabei ein bisschen bitter. Alle sind gut organisiert, alle haben sich dran gewöhnt. Zum Klagen haben sie keine Zeit. So isses halt. Das ist der Sound der Eltern-Republik.

Als die damalige Bundesministerin Manuela Schwesig davon berichtet hat, wie schwer ihr die 16-Stunden-Tage im Amt fielen, weil ihre Tochter als Baby nachts nicht so gut schlief, machten sich einige darüber lustig. Was erwartet sie, Babys schlafen halt schlecht. Geht halt allen Eltern so. Beschwert euch nicht.

Aber muss es wirklich so sein? Darf man sich nicht beschweren? Das Ideal der Familienpolitik sieht im Moment so aus, dass beide Partner Vollzeit arbeiten sollen. Darum geht es beim Ausbau der Kitaplätze und auch beim Teilzeit-Gesetz. Jüngst in dieser Woche hat die Arbeitsministerin Andrea Nahles wieder darauf hingewiesen, wie wichtig der SPD das Gesetz ist, das die Rückkehr aus Teilzeit erlaubt. »CDU/CSU blockieren beim Rückkehrrecht, Union lässt Millionen Frauen in der Teilzeit-Falle hängen«, schrieb sie auf Twitter.

Es stimmt, dass die meisten Frauen in Deutschland Teilzeit arbeiten, auch Akademikerinnen. Sie sollen alle aufstocken, wegen der drohenden Altersarmut. Vollzeit, Vollzeit, Vollzeit, ist das Motto. Aber ist das wirklich das, was sich Frauen und Männer wünschen? Dass alle mehr arbeiten? Ist das gesund?

Es gibt Leserinnen, die jetzt erwidern werden, dass sie das in der DDR doch auch alles geschafft haben. 90 Prozent der Mütter waren berufstätig, Teilzeit war nahezu unbekannt. Die jungen Mütter sollen aufhören zu jammern und sich mal ein bisschen zusammenreißen. Heute ist doch alles viel einfacher, man muss nicht mal in der Kaufhalle anstehen. Aber könnte es sein, dass das Leben damals abgesicherter war? Dass man sorgloser mit seinen Kindern umging? Eine Bekannte erzählte, wie sie ihre Dreijährige allein zu Hause schlafen ließ, um ins Kino zu gehen. Wenn man Bücher aus der DDR liest, Maxie Wander, Brigitte Reimann, relativiert sich auch vieles, was aus der Erinnerung so easy gezeichnet wird. Die West-Variante des »Wir-schaffen-das« mit zwei Karrieren sieht so aus, dass man sich eine Nanny und eine Haushaltshilfe leistet.

Ich wünsche mir, dass anders gedacht wird. Dass man in bestimmten Lebensphasen weniger arbeiten muss, weil man mehr Zeit mit seinen Kindern verbringen will. Oder mit seinen kranken, alternden Eltern. Ich wünsche mir, dass mehr Männer Teilzeit arbeiten. Ich wünsche mir, dass man von zwei Teilzeit-Gehältern leben kann und trotzdem im Job nicht abgeschrieben wird. Ich wünsche mir, dass es anerkannt wird, wenn man sich um seine Angehörigen kümmert.

Ist das wirklich so utopisch?

Denkt mal über eure Rente nach!

Im Juni 2018 machte eine These des Arbeitssoziologen Martin Schröder Schlagzeilen, die besagt, dass Väter am glücklichsten sind, wenn sie fünfzig Stunden pro Woche arbeiten und die Rolle des Familienernährers übernehmen. Mütter sind angeblich auch am glücklichsten, wenn der Mann erst spät aus dem Büro kommt. Die Aufregung war sofort groß. »Bullshit«, kommentierten einige auf Twitter. »Kann man sich dann Gleichstellungspolitik wie Elternzeit, Vätermonate und Frauenquote sparen?«, fragten sich andere. Für seine These hat Schröder die Daten des Sozioökonomischen Panels ausgewertet, für das über 57 000 Menschen mehrfach befragt worden sind. Mich hat an der Studie überrascht, dass deutsche Väter anscheinend kein Problem damit haben zu sagen, dass sie glücklicher bei ihrer Arbeit als bei ihren Kindern sind. Das fand ich traurig. Und ich dachte, da wären wir weiter.

Ich kenne engagierte, liebevolle Väter, die mit ihren Chefs darum ringen, weil sie mehr als die üblichen zwei Monate Elternzeit nehmen wollen, die ihre Stunden im Büro verkürzen, damit sie ihre Kinder von der Kita abholen können, und zwar nicht nur einmal die Woche. Schon klar, das sind die Ausnahmen. Oder die Vorreiter.

Der große Umschwung in der Gleichstellungspolitik, der

erstmals auch Männer in die Verantwortung nahm, fand 2007 statt, mit dem Elterngeld und den Vätermonaten. Das ist noch nicht lange her.

Die Daten, die in der Studie ausgewertet wurden, umfassen drei Jahrzehnte, von 1984 bis 2015, überwiegend eine Zeit ohne Vätermonate, ohne Rechtsanspruch auf einen Kitaplatz. Der Durchschnittsdeutsche lebt demnach das klassische Rollenmodell, Papa verdient das Geld, Mama arbeitet Teilzeit und kümmert sich um die Kinder.

Oft wird argumentiert, dass es damit zusammenhängt, dass Männer mehr verdienen. Doch laut dem Soziologen Schröder hat das Einkommen kaum Einfluss auf die Verteilung. Die meisten schlittern in das klassische Rollenmodell wie auf ein altes, bequemes Sofa. Weil vielen Frauen ihr Job offenbar nicht so wichtig ist, weil sie zu Hause die Kontrolle nicht abgeben wollen. Weil sie es auch als Privileg empfinden. Und Papa reicht es, einmal die Woche mit den Kindern zum Sportkurs zu gehen.

Wer es anders macht, muss sich erklären, rechtfertigen, wird schief angeguckt. »Vielleicht ist es einfacher, so zu leben wie alle. Sich gegen stereotype Rollenbilder zu stemmen, kostet viele Menschen möglicherweise Lebenszufriedenheit«, sagte Soziologe Martin Schröder der Zeit.

So unkompliziert das traditionelle Modell zunächst erscheint, muss man aber auch sagen, dass die Entscheidung dafür Folgen hat. Vor allem für Frauen, die länger aus dem Job aussteigen. Es ist riskant, sich vom Geld des Mannes abhängig zu machen und darauf zu hoffen, dass die Beziehung schon bis ins Alter hält.

»Man sollte einen Partner im Rücken haben, der die

finanziellen Nachteile auffängt, und man sollte sich Gedanken drüber machen, was passiert, wenn die Partnerschaft kaputt geht«, sagt die Finanzexpertin Annette Mücke, die Frauen bei der Altersvorsorge berät. In Deutschland wird fast jede zweite Ehe geschieden. Dann rutschen vor allem die Mütter ab.

Studien belegen, dass selbst erwerbstätige Frauen im Alter einmal sehr arm sein werden. Eine Untersuchung der FU Berlin ergab, dass 40 Prozent aus den alten Bundesländern und 20 Prozent aus den neuen Bundesländern maximal 600 Euro Rente bekommen werden. Wer 20 Jahre Teilzeit gearbeitet hat, erhält im Schnitt 220 bis 270 Euro.

IV

Familie sein.
Aus dem Leben mit Kindern

Baby to go

Ich stehe vor dem Berghain mit klopfendem Herzen. Darf ich mich anmelden, oder werde ich abgewiesen? Die Flure meines Berghains sind in einem warmen Orange gestrichen, das Licht ist leicht gedimmt. An der Wand hängt ein Bild von Paula Modersohn-Becker, das eine stillende Frau und ihr Baby zeigt. Mein Berghain ist nicht der bekannte Klub, sondern ein Krankenhaus-Kreißsaal im Norden Berlins.

Wenn man kein Kind hat oder es schon größer ist, mag der Vergleich seltsam vorkommen. Doch die Jagd nach einem guten Krankenhaus erinnert mich an früher, als ich nachts noch ausging. Und ich bis zuletzt zitterte, ob mein Name wirklich wie versprochen auf der Gästeliste stand. Ähnliche Qualitäten sind jetzt gefragt. Mein Berghain warnt schon auf seiner Website davor, dass dort nicht jeder hineinkommt. »Zur Gewährleistung unserer Qualität.«

Timing ist wichtig: Man muss zur richtigen Zeit am richtigen Ort sein. In manchen Krankenhäusern, wie in einem begehrten im Westteil der Stadt, sollte man sich bereits in der achten Schwangerschaftswoche für die Geburt anmelden, noch besser nach dem positiven Schwangerschaftstest. Wer wartet, bis die ersten drei Monate vorbei sind, hört nur: »Längst ausgebucht.« Andere Frauen gehen lieber in die namhafte Klinik, die Frauen ab Ende 30 routinemäßig einen Wunschkaiserschnitt anbietet. Das Baby to go sozusagen. Man sucht sich Datum und Uhrzeit im Kalender aus – und nach einer Stunde ist alles vorbei. Sehr praktisch. Andere Kliniken wollen am liebsten Frauen, die sich beim Anmeldegespräch verpflichten, ihr Kind bis zum 21. Lebensjahr zu stillen.

Einmal war ich bei einem Info-Abend in einer großen Geburtsklinik, der eher einer Verkaufsveranstaltung ähnelte, Geburten bringen auch Geld. Hundert Frauen, vor ihnen eine gut gelaunte Hebamme, die die Vorzüge des Hauses pries, die Worte Wohlfühlbad, Körperpackungen und Musikprogramm fielen. Es war, als wäre ich in einem Wellness-Hotel gelandet. Danach meldeten sich viele an. Ich dachte, wenn man sich anmeldet, wird ein Platz reserviert, doch das stimmt so offenbar nicht mehr, weil der Andrang so groß ist. Anmeldelisten sind in manchen Häusern so unverbindlich wie die Gästeliste im Klub. Wenn man Pech hat, muss man durch die Stadt zur nächsten freien Klinik kurven, wenn die Wehen losgehen – und kann nur hoffen, dass der diensthabende Doktor im Krankenwagen kein Augenarzt ist.

Weil mehr Berlinerinnen als in den Jahren zuvor Kinder bekommen, sind einige Krankenhäuser, zum Beispiel die Klinik Neukölln, so überlastet, dass sie für einige Tage den Kreißsaal komplett schließen müssen. Die Klinik Neukölln ist eine der größten Geburtsstationen Deutschlands, 2015 wurden über 3700 Kinder geboren, ein Rekord, die Zahl für 2016 wurde noch nicht veröffentlicht, liegt aber wohl ähnlich hoch. Hochschwangere mit Wehen mussten offenbar trotz Anmeldung weggeschickt und in eine andere Klinik gefahren werden. Solche Zustände habe sie in fünfzehn Berufsjahren nicht erlebt, sagt eine Neuköllner Frauenärztin.

Das Krankenhaus, das ich ausgesucht habe, ist viel kleiner, aber auch hier macht sich die höhere Geburtenrate bemerkbar. Könnte es sein, dass ich trotz Anmeldung abgewiesen werde? Nein, sagt die Türsteherin, unsere Gästeliste ist verbindlich.

Geburt als Party

Eine Geburt muss man sich ungefähr so vorstellen, wie von einer kleinen Planierraupe überrollt zu werden. Also von innen. Die kleine Planierraupe hat dabei ziemlich viele Hindernisse und Barrikaden zu überwinden, zeitweilig sieht es so aus, als führte ihr Weg in eine Sackgasse. Manchmal führt ihr Weg tatsächlich in eine Sackgasse, und dann muss ein Abschleppwagen kommen. Also von außen.

Es handelt sich um eine Ausnahmesituation, wenn einen plötzlich eine kleine Planierraupe überrollt. Es gibt Menschen, die wollen davon gar nichts mitbekommen, sie schließen die Augen, lassen sich eine Flüssigkeit spritzen und fallen in Trance. Andere rennen lieber weg oder ducken sich und legen sich ganz flach auf den Boden. Die Dritten wollen auf alle Eventualitäten vorbereitet sein und bestellen prophylaktisch Hubschrauber, Rettungswagen, Löschzug, Müllauto und Kran.

Die Nächsten bleiben betont ruhig, stellen sich auf alle viere und lassen die Hüften kreisen. Dass eine kleine Planierraupe ihren Weg durch ihren Körper findet, empfinden sie als ein Glückserlebnis, als eine Art Erleuchtung. Es sind oftmals die gleichen Menschen, die sagen, dass ihr Leben durch Yoga einen Sinn gefunden hat. Um sich auf die Begegnung mit der kleinen Planierraupe vorzubereiten, trinken sie vorher einen Saft aus Kräutern und den Fußschweiß von Kakerlaken. Sie werden sagen, dass man nur in der richtigen Reihenfolge ein- und ausatmen muss, damit es nicht wehtut. Sie werden nicht von Schmerzen sprechen, sondern von Wellen. Später, wenn alles vorbei ist, lassen sie sich die Trümmerteile, die die kleine Planierraupe auf ihrem Weg nach draußen mit hinausgeschoben hat, einwickeln und packen sie zu Hause in ihren Gefrierschrank. Eines Tages werden sie daraus einen Sonntagsbraten zubereiten. Die Reste stecken voller wertvoller Nährstoffe, sagen sie.

Nun gibt es auch Menschen, die es am besten finden, wenn sie zu Hause, in ihrer gewohnten Umgebung, von einer kleinen Planierraupe überrollt werden. Sie kaufen sich eine Luftmatratze, um den Wohnzimmerteppich zu schützen. Sie laden sich ihre Lieblingsmusik herunter, zu der sie tanzen wollen, während die kleine Planierraupe sich langsam vorarbeitet. Sie laden ihre besten Freunde ein, alle bringen Chips und Bier und Kameras mit. Später wird es viele Bild- und Tonaufnahmen davon geben, wie sich die kleine Planierraupe durch einen Tunnel vorarbeitete. Manche davon werden im Internet landen und noch aufzufinden sein, wenn aus der kleinen Planierraupe schon eine große Planierraupe geworden ist. Wenn die Planierraupe allerdings stecken bleibt, müssen die Freunde ihr Bier, ihre Chips und die Kameras liegen lassen und einen Rettungswagen rufen und die Party ist sehr plötzlich vorbei.

Während der Geburt meines zweiten Kindes wollte ich meinen Mann dazu bringen, so zu tanzen wie Robbie Williams. Er, also Robbie Williams, tanzte und sang bei der Geburt seines zweiten Kindes, während seine Frau ihren Babybauch hielt und stöhnte. Er filmte sich dabei, man konnte den Film später im Internet ansehen. Mein Mann wollte nicht tanzen, er war weiß wie ein Laken, er rannte alle zehn Minuten aus dem Kreißsaal, angeblich ein Magenvirus. Von meiner Geburt gibt es also keine Bild- und Tonaufnahmen. Wahrscheinlich wird mein Kind mir das nie verzeihen.

Der perfekte Vorname

Nach welchen Kriterien wählt man einen Vornamen für sein Kind aus? Leider bin ich nicht besonders originell darin, jemandem einen Namen zu geben. Als Kind nannte ich meinen Teddy Teddy. Oder Bär. Meine Puppe hieß Puppi. Ich bewunderte meine kleine Schwester, die ihre Babypuppe Tanja nannte. Wir kannten niemanden, der Tanja hieß. Wie war sie mit drei auf diesen Namen gekommen?

Wenn Eltern heute nach Namen für ihr Baby suchen, dann geht es meistens um mehr. Man nennt sein Kind Frederik-Theodor oder Beatrix Amelie Ehrengard Eilika, um herauszustellen, dass man einer bestimmten Schicht angehört – oder zumindest danach strebt, ihr anzugehören. Manche Namen sind politisch: Der kleine Cem-Levi ist quasi der Baby gewordene Nahost-Friedensprozess. Andere wollen ihre hohe Bildung herausstreichen und nennen ihr Kind Penthesilea oder Persephone. Die nächsten wollen Verbundenheit zu einer Gegend signalisieren und nennen ihr Kind Neumann, wie die Pankower Neumannstraße. Wieder andere suchen den Namen nach einem Promi aus, den sie toll finden. Viele Mädchen in der DDR hießen Peggy, wegen der Sängerin Peggy March. Eine Freundin heißt Gloria, wegen Laura Branigans Hit. Der Sohn einer Bekannten heißt Ethan-Hawke, wegen Ethan Hawke.

Neulich las ich, dass Eltern aus Kassel ihren Sohn Lucifer nennen wollten. Lucifer heißt so viel wie Lichtträger. Das durften sie nicht. Ein Standesbeamter sah das Kindeswohl gefährdet. Er fürchtete, dass der kleine Lucifer später mal gemobbt wird. In Berlin wäre das nicht passiert. In Berlin dürfen Kinder Frost, Himmelblau und Wildwind heißen. Da klingt Lucifer fast bieder. Die Kasseler Eltern hatten übrigens nicht an die Bibel, sondern an die gleichnamige amerikanische Fernsehserie gedacht. Sie ließen sich überreden, ihr Kind Lucian zu nennen.

Früher erkannte man am Namen gut, ob jemand aus dem Osten kommt oder nicht. Eine Mandy aus Münster? Ein Ronny aus Regensburg? Undenkbar! In der Stadt meiner Jugend, Eisenhüttenstadt, lauteten 2016 die beliebtesten Namen Mila, Leni, Sophie sowie Ben, Jonas und Leon. Diese Namen könnten auch in Berlin-Charlottenburg oder Hamburg ausgesucht worden sein. Was Namensgebung angeht, ist die deutsche Einheit offenbar vollendet.

Bevor unser erstes Kind geboren wurde, wussten wir nicht, ob es ein Mädchen oder Junge wird. Die Liste der potenziellen Mädchennamen war lang, die der Jungsnamen kurz. Sollten wir ihn nach den Opas nennen? Walter oder Ninian, ein schottischer Name? Als Tauglichkeitstest stellte ich mir vor, wie eine Berliner Erzieherin den Namen laut rufen würde. Niiiinijaaaaan, bind deine Schuhe zu.

Schließlich wollten wir ihn Conrad nennen. Doch als er dann auf der Welt war, schauten wir ihn an. Er war kein Conrad. Es schien grundsätzlich falsch, sich auf einen Namen festzulegen. So überwältigt waren wir. Wir nannten ihn Baby, Babylein, Maus, Mäuschen, Äffchen, Monkey, kleines Monster, Gangsterbaby. Derzeit reagiert er nur auf Spiderman. Ich las, dass Eltern neuerdings auch der Klang als Profilname bei Twitter wichtig ist. Mir fielen Mütter ein, die direkt aus dem Kreißsaal einen Account für ihr Neugeborenes einrichteten und jeden Fortschritt dokumentierten. Das haben wir noch nicht gemacht. @Spiderman_News klingt aber gut.

Babys sind Freundschaftskiller

Wenn man ein Kind bekommt, zumal das erste, ist es ein wenig so, als würde man in ein neues Land ziehen, mit neuen Regeln, einem neuen Rhythmus. Dinge, die vorher wichtig waren, verlieren ihre Bedeutung. Andere, banale Fragen werden groß, trinkt das Kind zu wenig, trinkt das Kind zu viel, schläft es zu viel, schläft es zu wenig? Werde ich jemals wieder ein Essen beenden können, ohne fünfmal unterbrochen zu werden? Für kinderlose Freunde ist es nahezu unmöglich, den Alltag mit Kleinkindern nachzuempfinden, auch wenn sie sich noch so bemühen.

Es geht damit los, dass man keinen Termin für ein Treffen findet. Seit Monaten versuche ich, mich mit einer Freundin zu verabreden. Wir kennen uns seit über fünfzehn Jahren, ich war dabei, als sie die schlimme Zeit mit Halslos-Olli hatte, sie kam täglich vorbei, als ich nach einer Blinddarm-OP flachlag. Früher sahen wir uns mehrmals im Monat, telefonierten regelmäßig.

Dann bekam ich ein Kind, dann noch eins, sie blieb kinderlos. Inzwischen gleicht unser Beziehungszustand dem Facebook-Status, it's complicated. Wir schreiben uns, versuchen uns zu verabreden, aber unsere Nachrichten klingen so, als ginge es unterschwellig darum, einander zu beweisen, wer von uns das schwierigere, das anstrengendere

Leben hat. Wann ging das los, das Aufrechnen, das Vergleichen? Tagsüber kann sie schlecht, wegen der Arbeit, abends kann ich schlecht, weil ich oft zu müde bin. Nach mehreren Mails finden wir einen Termin. Erst sage ich ab, weil eines der Kinder krank war. Das nächste Treffen sagt sie ab, wegen der Arbeit. Das dritte auch. Sie klagt über den Job, den Stress. Sie müsse ein Projekt beenden, bevor sie nach Kalifornien reise. Ich erwische mich bei dem Gedanken, dass ich auch gern nach Kalifornien fliegen würde.

Ich merke, dass ich es schwerer ertrage, wenn kinderlose Frauen über ihre Belastungen klagen. Ich will sie am liebsten bei uns zu Hause festbinden, ich möchte, dass sie 24 Stunden erleben, wie das ist, wenn zwei kleine Kinder an einem zerren und man nebenher noch versucht zu arbeiten, wie die Zeit zerbröselt, ohne dass man genau sagen kann, was man gemacht hat. Doch während ich darüber nachdenke, fällt mir ein, dass ich selber ahnungslos war, bevor ich ein Kind bekam.

Ich fragte mich auch, was diese Mütter wohl den ganzen Tag machten. Vielleicht geht es uns, meiner Freundin und mir, wie dem Wanderer im berühmten Gedicht »The Road Not Taken« von Robert Frost. Er steht an einer Kreuzung und muss sich entscheiden, zwei Straßen, und er weiß schon, wenn er sich entschieden hat, wird es kein Zurück geben, »und das war der ganze Unterschied«. Es ist vielleicht die Endgültigkeit, die zum Vergleichen, zum Aufrechnen führt. Kinder haben oder keine Kinder haben – das ist eine der wenigen Entscheidungen, die sich nicht mehr ändern lassen. Also schielt jeder dauernd auf das, was er womöglich verpasst hat. Die andere Straße.

Unsere Wege, so scheint es, trennen sich, ohne dass es eine Brücke gibt. Muss das so sein?

Werdenden Müttern und Vätern werden Geburtsvorbereitungskurse angeboten. Für kinderlose Freunde sollte es vielleicht auch Kurse geben, die ihnen helfen, den anderen Weg im Blick zu behalten.

Schlafen kann ich später

Laut einer Studie schlafen 82 Prozent der Deutschen schlecht, las ich kürzlich. Ob das alles Mütter sind?

Ich schlafe seit einiger Zeit auch nicht mehr gut, seit zweieinhalb Jahren, der Geburt meines Sohnes, sind meine Nächte zerrissen. Das ist zunächst nicht überraschend. Kleine Babys haben noch keinen Tag-Nacht-Rhythmus und sind öfter hungrig. Ich gab dem Baby zu trinken, oft alle zwei Stunden, ich trug es herum. Die Zeit verging, mein Sohn wuchs. Ich wartete, dass es besser werden würde, dass er von allein lernen würde durchzuschlafen. Ich rede nicht von zwölf Stunden, ich rede von sechs bis acht Stunden am Stück. Das meinen Ärzte, wenn sie vom »Durchschlafen« reden. Ich wartete, wie man auf eine Antwort vom Amt wartet, hilflos, aber hoffnungsvoll. Ein Jahr verging, er wachte immer noch alle zwei Stunden auf. Ich lief herum wie ein Zombie. Ich fing an zu stottern und erinnerte mich an Gespräche, die nicht stattgefunden hatten. Befreundete Eltern wiesen darauf hin, dass Schlafentzug eine klassische Foltermethode ist. Doch anders als bei Guantanamo wird die Existenz häuslicher Foltercamps offensichtlich stillschweigend hingenommen.

Ich konsultierte Bücher, in deren Titel die Worte »Kind« und »schlafen« vorkommen, doch sie machten mich noch ratloser. Die einen sagen, man soll das Kind schreien lassen. Die anderen sagen, man soll das Kind auf gar keinen Fall schreien lassen. Beide Bücher versprechen sofortigen Erfolg und drohen mit schrecklichen Konsequenzen bei Anwendung der jeweils anderen Methode. Das Kind wachte immer noch drei-, viermal pro Nacht auf. Ich lag stets bereit, wie eine Wächterin. Ich versank nicht mehr in Tiefschlaf, sondern ruhte nur. Um den langen und einsamen Nächten zu entgehen, scrollte ich mich durch Twitter, nachts um drei. Es ist erstaunlich, wer um diese Uhrzeit alles online ist. Oder vielleicht doch nicht so erstaunlich, wenn man an die Studie mit den 82 Prozent denkt. Ich vermute, dass es da einen Zusammenhang gibt, aber ich bin zu müde, um das zu Ende zu führen.

Wenn das Kind ausnahmsweise fünf Stunden am Stück schlief, fühlte ich mich beim Aufwachen trotzdem nicht richtig erholt. Selbst wenn ich woanders übernachtete, tausende Kilometer weit weg, wachte ich regelmäßig nachts auf, weil ich Babyschreie hörte. Etwas in meinem Kopf ist offenbar kaputtgegangen. Dabei hatte ich noch Glück: Das Kind wachte auf, trank, lag eine Weile auf dem Arm und schlief dann weiter. Andere Eltern mussten nachts stundenlang den Fön übers Bett halten, weil nur das Summen ihr Baby beruhigte. Ein Vater kurvte monatelang jede Nacht um den Funkturm, weil sein Sohn nur im Auto mit dem Gebrüll aufhörte.

Bei uns schläft das große Kind inzwischen durch. Und es ist so, als wäre es nie anders gewesen. Doch meine Schicht ist nicht zu Ende: ich schlafe jetzt neben dem neuen Baby. Es schläft viel besser als sein Bruder, dafür wache ich nun dauernd auf. Ich schaue auf die Uhr, es ist drei oder vier. Alle schlafen in ihren Betten. Der Mann. Das große Kind. Auch das kleine Kind schlummert friedlich. Nur ich bin wach und warte, dass mich jemand braucht.

Ich schalte das Nachtlicht an und bestaune mein neues, winziges Baby, die kleinen Fäustchen geballt neben dem Ohr, die Augenlider ruhig. Was für ein Anblick! Schlafen kann ich dann wohl später.

Panik am Flughafen

Ich habe eine Liste angelegt, auf die ich schreibe, was ins Urlaubsgepäck muss. Sie hängt am Kühlschrank und wird täglich länger. Unsere letzte Flugreise ist ein wenig her, damals verreisten wir nur mit einem Kind, diesmal mit zweien, ich bin etwas nervös. Oben auf der Liste steht: Beide Kinderpässe nicht vergessen. Mit drei Ausrufezeichen.

Vor zwei Jahren sind wir im Sommer nach England geflogen. Bevor wir uns auf den Weg zum Flughafen Schönefeld machten, schaute ich zum ungefähr fünfzigsten Mal in meine Tasche, um zu prüfen, ob ich meinen Ausweis und meine Geldbörse dabeihatte. Ich fragte auch meinen Mann, ob er seinen Pass eingesteckt hatte. Das große Kind, damals eineinhalb Jahre alt, saß auf dem Boden.

Am Flughafen war es voll, wir warteten in der Schlange, bis wir dran waren. In dem Moment, in dem ich unsere zwei Pässe auf den Schalter legte, spürte ich einen Schlag im Magen. Zwei Pässe? Wieso nur zwei Pässe? Was stimmte da nicht? Bevor die Frau am Check-in etwas sagen konnte, begriff ich, dass ich den Kinderpass vergessen hatte.

Ohne den Pass kamen wir nicht durch die Grenzkontrolle. In meinem Kopf drehte sich alles. Wie konnte das passieren, dass ich den Kinderpass vergesse? Das war ungefähr so, als ob ich das Kind allein auf dem Alexanderplatz hätte stehen lassen. Was war ich eigentlich für eine Mutter? Oder war es Stilldemenz, wie man sagt, wenn Frauen, die gerade Mütter geworden sind, plötzlich nicht mehr der Name ihres Partners einfällt?

Ich stillte schon lange nicht mehr. In der *New York Times* habe ich einmal gelesen, dass man auch Stilldemenz haben kann, wenn man nicht stillt, man braucht nicht mal Brüste. Wenn man Mutter oder Vater wird, verändert sich das Gehirn, es muss sehr viel Neues lernen im Umgang mit einem Neugeborenen. Da ist für manches Wissen kein Platz mehr.

Die Frau vom Check-in guckte verständnisvoll. In einer Stunde gehe der Flug, vielleicht könnten wir schnell nach Hause, das Dokument holen? Ich dachte nach. Um es von Schönefeld nach Pankow und wieder zurück zu schaffen, bräuchte man einen Privatjet. Es gab aber keinen Privatjet. Man war froh, wenn der Regionalzug kam. Im zweiten Stock saß die Bundespolizei, fiel der Check-in-Frau ein, die würde Not-Pässe für Kinder ausstellen.

Wir rannten nach oben, so schnell wie man mit Kinderwagen, Koffern und Rucksäcken rennen kann. Die Tür zum Bundespolizei-Büro war verschlossen, wenn man die an der Tür angegebene Nummer anrief, antwortete niemand. Endlich tauchte ein Mann in Uniform auf. Er musterte uns, schloss die Tür auf und ließ sich auf seinen Stuhl fallen. Nachdem er uns zugehört hatte, griff er zum Hörer.

Ich ahnte, dass von der Person, die am anderen Ende saß, viel abhängen würde. Der Polizist fragte, ob wir die Geburtsurkunde dabeihatten. Ich hielt dem Polizisten das Handy vor die Nase, mit dem Bild der Geburtsurkunde, die ich einmal abfotografiert hatte. Wenig später legte er auf und schüttelte traurig den Kopf. England? Ganz schwierig. Brexit und so.

Was nun? Es half nichts, wir mussten den Flug umbuchen, zu einem saftigen Aufpreis, und fuhren zurück nach Hause. Am Abend standen wir wieder in der Abfertigungshalle. Und als wir in London ankamen, guckte der Grenzer kaum auf den Kinderpass. Ich war fast enttäuscht.

Kosmonauten auf der Regeninsel

Familienurlaub mit kleinen Kindern ist ein bisschen wie Weltraumtraining. Vor einiger Zeit habe ich ein Interview mit einem alten Mann gelesen, der beinahe als erster Deutscher im All gewesen wäre. Friedrich Jaschke hieß er. Aus der Gruppe, die damals das Kosmonauten-Training absolvierte, wurde dann aber ein anderer Mann, Sigmund Jähn, ausgesucht. Er flog 1978 in den Weltraum und wurde berühmt. Es klang nach einer guten Geschichte, sie war komplett erfunden, von dem verstorbenen Schriftsteller Wolfgang Herrndorf. Das wusste ich damals nicht. Aber es wäre auch egal gewesen. Denn Herr Jaschke wurde mein Vorbild.

In jenem Interview erzählte er von dem psychologischen Training, das sie absolvieren mussten. Zwei Kosmonauten wurden in eine vier Quadratmeter große Zelle gesperrt, ohne Gegenstände, mit Rede- und Schlafverbot, 72 Stunden lang. Dann wurde geguckt, wer als Erster durchdreht. Schweinestall hieß die Methode.

Unsere Ferienwohnung ist zwar etwas größer als vier Quadratmeter, und wir waren zu viert, zwei Erwachsene, ein Kleinkind, ein Baby. Die Tourismus-Vermarkter nennen Usedom die Sonneninsel, bei uns regnete es tagelang. Einmal kam mittags die Sonne heraus, wir rüttelten die Kinder wach, trugen Strandmuschel und Handtücher heraus. Das große Kind wollte ins Wasser, aber die Badehose durfte dabei nicht nass werden, dem Baby war es zu heiß. Glücklicherweise bezog sich bald der Himmel, es fing an zu gießen, und wir packten alles zusammen.

Man muss vielleicht den Gedanken überwinden, dass Urlaub mit kleinen Kindern etwas mit Erholung zu tun hat. Wie die Kosmonauten in ihrer Zelle lernt man Langeweile auszuhalten, die von plötzlichen Momenten des Schreckens unterbrochen werden. Vom Strand hatte das Kind einen großen Stein mitgebracht, mit dem es die Tischplatte in der Unterkunft bearbeitete. Die Tischplatte war aus Glas und zersprang, das Kind weinte vor Schreck. Mein Mann nahm das Baby hoch, bevor es eine Scherbe in den Mund stecken konnte, und zum Dank erbrach es seine Milch auf das T-Shirt meines Mannes. Ich dachte kurz an Friedrich Jaschke und beneidete ihn um seine ruhige, stille Zelle. Erfahrene Eltern würden diesen Kosmonauten-Test sofort bestehen.

Nachts schliefen wir alle in einem Zimmer, um eins kam das Baby, um vier kam das größere Kind. Wir lagen zu viert in einem Bett, wälzten uns hin und her. Bis auf das große Kind schlief keiner mehr. Um sechs schoben wir den Wagen mit dem Baby und dem Kind durch die leeren Straßen des Ortes, auf der Suche nach einer Bäckerei.

Doch es war nicht alles schlecht. Das Schöne am Leben mit Kindern ist, dass sich die Perspektive ändert. Früher sind wir herumgerannt, auf der Suche nach dem perfekten Restaurant, der perfekten Bar, wir haben gesucht und gesucht, und wenn wir endlich in einem Lokal saßen, waren wir doch unzufrieden, weil es ja womöglich um die Ecke etwas Besseres gab. Jetzt ging es eher um was anderes. Waren die Kinder zufrieden? Gesund? Hungrig?

Wir gingen zur erstbesten Fischbude, setzten uns unters Dach, das große Kind aß sein Brötchen, wir tranken Filterkaffee, schwarz, das Baby schlief, alles war perfekt, es störte nicht mal der Regen. Nach einer Woche kam die Sonne raus, das Kind fand Spielkameraden am Strand, das Baby lachte, ich zog einen Badeanzug an. Nach einer Weile kam das große Kind aufgeregt angerannt, es hatte die Windel vollgemacht. Und wir hatten die Feuchttücher vergessen.

Kinder in Cafés mit Bällebad

Wenn ich mir die Hölle vorstellen soll, dann sieht sie aus wie ein Eltern-Kind-Café. Viele Leute glauben, dass die Welt Eltern-Kind-Cafés braucht. Das sind vielleicht dieselben, die auch Spezial-Zeitschriften für Ostdeutsche, Hotels für kinderlose Paare oder Stadtviertel für Veganer gut finden. Eltern-Kind-Cafés sind geschaffen worden, um den Café- und Restaurant-Besuchern laute, unruhige, kleckernde Kleinkinder vom Leib zu halten, bloß kein Chaos, bloß keine Unruhe, bloß kein Leben.

Ich weiß, wovon ich rede, ich wohne in einem Stadtviertel mit einer hohen Dichte an Eltern-Kind-Cafés. Sie haben Namen, die andere Cafébesucher schon an der Tür abschrecken sollen: »Die süßen Popos« oder »Die kleinen Milchzähnchen«. Ein- oder zweimal machte ich den Fehler, in ein Eltern-Kind-Café zu gehen. Das Kind war gut ein Jahr alt. Ich erinnere mich, dass eine schöne Frau mit sanfter Stimme sagte: »Magst du deinen Kinderwagen draußen lassen?« Draußen regnete es, aber ich wollte der sanften Stimme nicht widersprechen.

Als Nächstes muss man die Straßenschuhe ausziehen und auf Socken herumlaufen, was außerhalb der eigenen Wohnung immer etwas Entwürdigendes hat. Früher bin ich in Cafés gegangen, um Kuchen zu essen, Freunde zu treffen, um andere Leute zu beobachten. Im Eltern-Kind-Café tat es weh, andere Leute zu beobachten. Die anwesenden Mütter redeten leise miteinander. Wenn die Tür aufging, hoben sie die Köpfe und checkten jede neu hereinkommende Mutter ab, nach Augenringen, dem Zustand der Frisur und der Kleidung des Kindes. Väter auf Strümpfen hüpften in Bällebäder und filmten ihre Kinder dabei, wie sie in Bällebädern hüpften, damit die wiederum später ihren Kindern zeigen können, dass sie einmal in Bällebädern gehüpft sind. Ich wollte heraus in den Regen und dringend etwas kaputt machen.

Eine Frage, die mir bisher niemand beantworten konnte, ist die, warum der Kaffee in Eltern-Kind-Cafés so schlecht schmeckt. Jedes Bäckerei-Café leistet sich einen ausgebildeten Barista, nur in Eltern-Kind-Cafés stehen Leute hinter dem Tresen, die selbst wohl nur Lavendel-Rosen-Tee anrühren. Es blubberte zwar auf dem Tresen ein professionell aussehender Automat, aber ich vermutete, dass die Frau in dem geblümten Kleid hinten Nescafé mixte und dann so tat, als käme er aus der Maschine. Aber es ist auch egal, weil man dem Kaffee sowieso nur aus der Ferne beim Kaltwerden zusieht, während man damit beschäftigt ist, das Kind davon abzuhalten, anderen Kindern Schaden zuzufügen und sich in einen Rechtsstreit zu verfangen.

Das Kind schob einen gelben Plastikbagger hin und her, ein anderes riss ihn aus der Hand und rief »Meiner«, als eine weibliche Stimme liebevoll mahnte: »Aber Frederik-Theodor, wir wollen doch teilen lernen.« Sie lächelte mich an, ich schaute auf den Boden, griff schnell ein, nahm dem Kind den gelben Bagger aus der Hand und wollte ihm einen roten geben, der daneben lag, als ich sah, dass das Kind inzwischen auf einem Bobbycar saß und sich von einem älteren Mädchen herumschieben ließ. Die Kinder wirkten sehr zufrieden. Sie waren auch die Einzigen, die zufrieden wirkten. Aber wahrscheinlich kommt es darauf an.

Reisen mit Baby

Eine Frage, die ich in den vergangenen Tagen öfter hörte, mit viel Erwartung in der Stimme: Und, werdet ihr in der Elternzeit mit dem neuen Baby verreisen?

Wenn man Erziehungsurlaub nimmt, erhält man für maximal vierzehn Monate gehaltsabhängig Geld vom Staat, um den Verdienstverlust zu kompensieren. Das war ursprünglich eingeführt worden, um Akademikerinnen zum Kinderkriegen zu animieren. Ob das so gut geklappt hat, kann man natürlich diskutieren. Aber immerhin profitiert die Tourismus-Industrie. Inzwischen gehört es in bestimmten Kreisen dazu, die gemeinsame Elternzeit für eine Weltreise zu nutzen, noch besser mit Sprachkurs. Wie, ihr habt in der Elternzeit kein Chinesisch gelernt?

Ich bin in einer Facebook-Gruppe, in der Berliner Mütter wichtige Fragen erörtern. Eine Frau wollte neulich wissen, ob aus ihrem zweijährigen Sohn später mal ein Massenmörder werde, wenn sie ihm erlaube, jeden Tag zehn Minuten fernzusehen. Das war ein Witz. War es ein Witz? Jedenfalls war die Frage lustiger als die Antworten: Die einen sagen so, die anderen sagen so. Ein Dauerthema im Forum ist die Planung der Elternzeit. Wo fährt man hin? Manche schreiben begeistert von Trekking-Touren durch Australien, mit Kleinkind und Baby. Kapstadt, etwa 14 Flugstunden, und Bali, etwa zwanzig Flugstunden, scheinen gerade vorn zu liegen, um dem endlosen Berliner Winter zu entfliehen. Wenn ich es richtig verstanden habe, verbringen in Kapstadt schon so viele Deutsche ihre Elternzeit, dass es mehr Stillcafés gibt als in Prenzlauer Berg.

Ich bewundere diese Eltern, wirklich. Nachdem mein erstes Kind geboren wurde, fühlte ich mich in den ersten Wochen danach so kaputt, dass ich oft zu müde war, um zum Späti um die Ecke zu gehen. Mit knapp sechs Monaten flogen wir mit ihm nach England, um die Oma zu besuchen. Auf dem Hinflug schrie es während des gesamten Fluges, die eineinhalb Stunden kamen mir insofern wie eine Reise nach Australien vor. Ich spürte die Blicke der Nachbarn. Ich weiß nicht, wer in der Situation wen mehr hasste. Die Mitreisenden uns Eltern? Oder das Baby? Wir Eltern die Mitreisenden? Der Vater die Mutter? Die Mutter den Vater? Die Mutter sich selbst, weil sie keinen netten Brandenburger, sondern einen Engländer mit weit entfernter Verwandtschaft geheiratet hatte? Oder das Baby? Hasste das Baby eigentlich auch jemanden? Und wenn ja, wen?

Auf dem Rückflug machte es pünktlich zum Take-off die Windeln voll. Ich ging auf die Toilette, pinnte das Kind auf dem Wickeltisch fest, zog den dreckigen Body aus. Mit der anderen Hand holte ich Feuchttücher aus der Tasche, wischte Po und den Rücken ab, der bis unter die Schultern vollgeschmiert war. Dann zog ich eine frische Windel und einen frischen Body heraus und zog das Baby an. Auf dem Boden lag der vollgeschissene Body. Auswaschen? Wegwerfen? Ich stopfte ihn in den Mülleimer und hoffte, dass niemand es merkte. Nach zehn Minuten war die Windel wieder voll, ich hatte aber keinen frischen Strampler mehr dabei. Ich zog dem Kind eine neue Windel an, wickelte es in mein T-Shirt. Als meine Sitznachbarin freundlich bemerkte, wie brav mein Baby sei, fing ich beinahe an zu weinen.

Nein, wir haben für die Elternzeit keine Pläne. Wir fahren höchstens mal zu viert nach Brandenburg.

Der Junge, der ein Mädchen war

Berlin, Rosenthaler Platz. Ein Mann und eine Frau setzten sich neben mich. Wir warteten auf die Straßenbahn. Der Mann reckte sich und begutachtete das Baby im Wagen. »Och, ist der süß«, sagte er zu seiner Begleiterin. Nun lugte sie hinein. »Ach, Gottchen«, sagte sie. »Den würde ich sofort am liebsten knuddeln«, sagte der Mann. Beide waren etwas älter, sie trug ein sommerliches Kleid, er hatte kräftiges graues Haar. An seiner rechten Hand steckten mehrere Ringe mit Steinen. Er erinnerte mich an einen der Kumpel von Tony Soprano, dem Mafiaboss aus dem Fernsehen. Er sah mich an, als hätte er mich eben erst entdeckt.

»Das ist aber ein hübscher Junge, den Sie da haben«, sagte Tony Sopranos Kumpel. »Das ist ein Mädchen«, sagte ich. Tony Sopranos Kumpel guckte verdattert. Etwas arbeitete in ihm. »Aber er trägt Blau«, sagte er. »Sie«, sagte ich. Tony Sopranos Kumpel rückte etwas ab. Er schaute zu meiner Tochter. Sein Gesicht wurde ernst.

Es lag plötzlich Spannung im Raum, ich wartete fast darauf, dass Tony Sopranos Kumpel eine Waffe aus der Tasche ziehen und mich zur Rede stellen würde, warum das Kind nicht gefälligst Rosa trage. Aber wir waren nicht in New York, auch wenn es sich ein wenig so anhörte.

Seine Begleiterin wollte etwas zur Auflockerung beitragen: »Meine Enkeltochter Laeticia trägt am liebsten Rosa, diese Prinzessinnenkleider. Das würde Ihrer sicher auch gut stehen.« Ich schwieg. Meine Tochter hatte in ihrem kurzen Leben noch kein Kleid getragen, nicht aus ideologischen, sondern aus praktischen Gründen, sie war knapp sechs Monate alt.

Die beiden warteten, bis ich den Kinderwagen in die Bahn bugsiert hatte, dann stiegen sie auch ein und folgten mir. Als die Bahn losfuhr, fiel ihm noch was ein. »Aber dann haben Sie einen Jungen erwartet?«, flüsterte Tony Sopranos Kumpel von hinten, in zunehmend verzweifeltem Ton. Wie sollte ich es ihm erklären? Ihm erzählen, wie ich am Anfang, als ich mit meinem Sohn schwanger war, durch die Geschäfte gelaufen war, auf der Suche nach einem Body, der nicht rosa oder hellblau war? War nicht einfach. Ich war kein Rosa-Hasser, mich nervte nur, dass man an Mädchen kaum noch andere Farben sah. Mach dich locker, sagte ich mir – ist doch nur eine Farbe. Aber stimmte das?

Eine Zeit lang hatten wir uns in die richtige Richtung bewegt, es ging voran, nicht gegen die Männer, aber auch nicht mehr gegen die Frauen. Eine Frau wurde Kanzlerin und regierte zwölf Jahre das Land. Aber die Kinder-Warenwelt fiel in die alten Stereotype. Betritt man ein Bekleidungsgeschäft für Kinder, wird säuberlich nach Jungen und Mädchen getrennt, hier Hellblau, da Rosa, hier Dinosaurier, Bagger, Flugzeuge, da Prinzessinnen, Blumen und Einhörner, hier »as cute as mommy«, da »as cool as daddy«. Mädchen waren süß, niedlich, brav, Jungs cool, wild, gefährlich. Manches gab es in zwei Ausführungen, hellblau und rosa, Schokoeier, Bauklötze, selbst Klebstoff.

Ich fragte mich, ob sich Sopranos Kumpel jemals Gedanken über die Chancen von Mädchen machte, was aus ihnen werden würde, und ob er sich jemals wunderte, warum es in Deutschland so wenige Chefinnen gab? Ich wollte ihn das fragen, da hielt die Straßenbahn an der Schönhauser Allee. Tony Sopranos Kumpel und seine Begleiterin stiegen grußlos aus.

Die Verliebtheit ist weg

Bei der ersten Schwangerschaft war ich in die ganze Welt verliebt. Ich hätte am liebsten jeden umarmt. Jedes Ultraschallbild wurde herumgereicht und bestaunt, selbst von kinderlosen Freunden. Freunde mit Kindern bekamen feuchte Augen, erzählten von früher und wurden nostalgisch. Wenn mich jemand fragte, wie weit die Schwangerschaft fortgeschritten war, wusste ich die Woche, den Tag, die Stunde.

Bei der zweiten Schwangerschaft ist alles ein wenig anders, die große Verliebtheit ist weg. Als mich kürzlich eine Freundin fragte, in welcher Woche ich denn nun sei, fing ich an zu stottern, äh, Woche? Ich weiß, da ist ein Termin in der näheren Zukunft, der mit mir zu tun hat, so ähnlich, wie ich weiß, dass ich irgendwann die Steuererklärung abgeben muss. Niemanden interessiert die zweite Schwangerschaft, las ich in einem Buch. Es gibt auch weniger Geschenke, schrieb eine Freundin. Als ich meiner Mutter sagte, dass ich wieder schwanger sei, meinte sie nur: Oh. Ich schaute sie an, und sie sah auf einmal fünf Jahre älter aus, als hätte sie meine Mitteilung physisch getroffen.

Mein Vater meinte, ich sei doch viel zu alt für ein weiteres Kind. Mein Vater hat die längste Zeit seines Lebens in der DDR verbracht, da galt man mit 26 Jahren als spätgebärend. In meinem Alter bekommt man Enkel, keine Kinder. Mein Vater hat ja recht, ich wäre auch gern wieder 26, möglichst mit der Erfahrung von heute, aber ich benutze offenbar die falsche Anti-Aging-Creme.

Mein Mann sagte, ich hätte mich gefreut, dass der Schwangerschaftstest positiv war, aber das stimmt nicht, er hat sich gefreut, und ich war geschockt. Ich liebte mein erstes Kind doch so sehr, war da noch genug Liebe für ein zweites? Oder muss ich das erste weniger lieben, wenn das zweite kommt?

Es gab nicht viel Zeit zum Nachdenken. Ich war mit dem ersten Kind genug beschäftigt, ich war immer in Bewegung. Kita, Büro, Kinderarzt, Krankenhaus, wieder Kita, ich schien immerzu etwas zu räumen, auszuräumen, abzuräumen, wegzuräumen, aufzuräumen, hinterherzuräumen. Ich trug das Kind in den fünften Stock, obwohl ich nicht schwer heben sollte. Das Kind brachte lauter interessante Viren und Bakterien aus der Kita mit, Hand-Mund-Fuß, Scharlach, Erkältung, Bronchitis, Mittelohrentzündung. Den Viren und Bakterien gefiel es gut bei uns, ich lag dauernd flach. Sehnsüchtig dachte ich an die erste Schwangerschaft. Wo war meine Gesundheit geblieben, wo waren die Hormone, die tollen Drogencocktails? Meine Hebamme sagte, das alles sei völlig normal: »Beim zweiten Kind steht das Wohlbefinden der Mutter leider nicht mehr im Vordergrund.« Tja.

Manchmal mache ich mir Sorgen um die Entwicklung des ungeborenen Kindes. Es heißt ja, dass Babys im Mutterleib schon feinste Stimmungsschwankungen registrieren. Ist schon die Basis für ein gestörtes Verhältnis zum Baby gelegt, weil ich kein Yoga gemacht, ihm keine Gedichte vorgelesen und Musik vorgespielt habe? Bin ich schuld, wenn es später einmal zum Massenmörder wird?

Doch was ist, wenn das gar nicht stimmt? Vielleicht kennt das Baby die mentale Lage der Mutter nicht, und wenn doch, dann ist sie ihm womöglich herzlich egal? Ich habe sogar die Vermutung, dass das in den nächsten Jahren so bleiben könnte. Womöglich die nächsten drei Dekaden.

Spiderman lernt sprechen

Regelmäßig kommt eine Logopädin in die Kita, um festzustellen, ob es Kinder gibt, die Probleme beim Sprechenlernen haben. Diesmal waren wir dran.

Der Dreijährige wartete aufgeregt vor der Tür, in der Hand hielt er einen kleinen, grünen Mähdrescher. Die Tür öffnete sich, und eine junge, hübsche Frau kam heraus und stellte sich als Frau Kuschelig vor. Frau Kuschelig entwickelte sofort ein reges Interesse an dem Mähdrescher des Kindes. Sie wollte wissen, was aus dem Rohr an der Seite herauskäme. »Da kommt Gireide raus«, sagte mein Sohn. Sie verstand ihn nicht. Gireide? Ich wusste sofort, was er meinte, Getreide, aber mein Ohr war auch geschult darauf, ihn zu verstehen. Er ist noch immer in der Phase, in der Kinder in einer Art Geheimsprache reden, die nur Eltern verstehen.

Hinzu kommt, dass er englische und deutsche Worte vermischt, weil er zweisprachig aufwächst. Das führte schon manchmal zu Verwirrungen. Einmal guckten wir zu Hause ein Bilderbuch an, als er plötzlich ausrief: »Fuck!« Ich war entsetzt, er war damals knapp zwei, sollte es schon losgehen mit den Schimpfworten? Ich fühlte mich schuldig, hatte ich als Vorbild versagt? Fluchte ich zu viel? Das ist ein hässliches Wort, sagte ich zum Kind. Er ignorierte mich, stieß weiter mit dem Finger auf ein Bild: »Da, fuck, fuck, fuck.« Auf dem Bild war ein Frosch zu sehen. Er sagte »frog«, das englische Wort, nicht fuck.

Im Besprechungszimmer saß Frau Kuschelig und fragte meinen Sohn, wie er denn heiße. Er antwortete: »Spiderman.« Die Logopädin guckte irritiert. »Äh, wie noch mal?«, sagte sie. »Spiderman«, sagte er. Frau Kuschelig schaute erst zu mir, dann zu meinem Sohn. Diesmal hatte sie ihn genau verstanden. Sie überlegte wahrscheinlich, ob das wirklich der Name des Kindes war. Möglich wäre das ja. In Berlin gibt es Kinder, die Prince-Glorieux, Cinderella oder Neumann heißen. Warum nicht auch Spiderman?

Frau Kuschelig holte ein paar Bilder mit Gegenständen hervor, die mein Sohn benennen sollte. Einen Stuhl, ein Haus, einen Schmetterling. »Butterfly«, sagte mein Sohn. »Schmetterling«, sagte Frau Kuschelig, strenger, als ihr Name vermuten ließ. Mein Sohn beharrte darauf, dass es »butterfly« hieß. Die Logopädin zeigte auf das nächste Bild, einen Backofen. »Habt ihr zu Hause einen Backofen«, fragte sie. »Ja«, antwortete das Kind. Dann wollte sie wissen, ob es schon mal etwas gebacken habe. Das Kind verneinte. Frau Kuschelig fragte weiter: »Backt die Mama manchmal was?« Ich sah meinen Sohn an, ich dachte an die aufwendige Gemüsequiche, die wir kürzlich zusammen zubereitet hatten, nach einem Rezept des israelischen Starkochs Ottolenghi. Mein Sohn hatte den Teig geknetet und das Gemüse verteilt. Das würde die Logopädin beeindrucken, dann wäre es auch egal, dass mein Sohn so nuschelt.

Er schüttelte den Kopf. »Die macht gar nichts«, sagte er. Ha, rief ich innerlich. Fake News! Mein Sohn erinnerte mich an die Politiker, die wochenlang etwas verhandelten und dann nach draußen rannten und schrien: Verhandlungen? Welche Verhandlungen? Ich rechnete fest damit, dass er als Nächstes verkündete: »Lieber keine Mutter als eine falsche Mutter.« Redeten Kinder wie Politiker oder Politiker wie Kinder? Er lächelte Frau Kuschelig verschwörerisch an, und Frau Kuschelig lächelte zurück. Ich war raus.

Utopia bei OmaOpa

Es gab eine Zeit, da habe ich das Dorf meiner Kindheit gemieden. Mit neunzehn habe ich das Dorf verlassen, und auch meine Familie. Ich dachte damals, das ginge einfach so, man könnte seine Familie hinter sich lassen, sich neu erfinden. Ich ging in die Großstadt, studierte, fand neue Freunde. Als Erste in der Familie machte ich einen Hochschulabschluss, bekam eine Stelle im Ausland. Je besser es mir ging, desto schwerer fiel es mir, nach Hause zu fahren. Es fühlte sich vertraut, aber auch sehr fremd an. Meine Mutter schimpfte über Dinge, die ich nicht verstand. Mein Vater versteckte sich in seiner fensterlosen Werkstatt. Die Bürgersteige waren renoviert worden, aber man sah nie jemanden darauf. Der Laden, die Post, die Kneipe schloss, die Wölfe rückten näher.

Und dann kam mein Sohn – und auf einmal fuhren wir wieder öfter ins Dorf. »OmaOpa fahren«, war einer der ersten Sätze, die er sagen konnte. Manchmal, wenn es abends dunkel wurde, stand er in unserer Berliner Wohnung am Fenster und guckte nach draußen auf die Lichter. Dann fragte er mich, ob es bei Oma und Opa auch dunkel war. Waren sie schon im Bett? Oder könnten wir noch schnell hinfahren? Bitte, Mami! Wenn wir da waren, wollte er nicht weg. Er weinte bitterlich im Auto und verlangte nach seinem Opa.

Für mich war das Dorf eine Sackgasse, für ihn ein Ort voller Möglichkeiten, ein Utopia mit Hühnern, Gänsen, Mini-Traktoren, einer gut gefüllten Speisekammer und OmaOpa, dieser Einheit, die ihm alle Wünsche erfüllte.

Wir fuhren von nun an öfter ins Dorf. Mein Sohn wusste sofort, wo Opa steckte, er rannte direkt in die fensterlose Werkstatt. Ich weiß noch, dass ich am Anfang unruhig wurde, ich hatte im Kopf, dass niemand meinen Vater stören durfte. Doch dann erschien mein Sohn mit Opa an der Hand, und Opa wirkte nicht, als fühlte er sich gestört, womöglich konnte man, mit ein bisschen Mühe, sogar ein kleines Lächeln in seinem Gesicht entdecken. Opa trug seinen Enkel, meinen Sohn, herum, er schob ihn auf dem Mini-Traktor durch den Garten, er zeigte ihm die Gänse. Opa war geduldig, einfühlsam, er wusste, wie man mit kleinen Kindern redete. Wer war dieser Mann? Und warum sah er so aus wie mein Vater?

Mit Oma verschwand mein Sohn in der Küche. Ich saß im Wohnzimmer und hörte ihnen zu. Sie erklärte ihm, dem Dreijährigen, wie man Rührei zubereitet. Ich hörte sie sprechen, er quasselte, warum denn das, warum denn jenes, warum so viel warum, aber sie blieb ruhig. Und als ein Ei auf dem Boden landete, lachte sie. Ist das die Mutter, die früher sofort wütend wurde, wenn was herunterfiel?

Neulich bekamen wir ein Päckchen, das meine Mutter gepackt hatte, drinnen waren Stollen und Papiersterne. Selbst gebastelte. Selbst gebastelte? Wer hatte die denn gebastelt? Meine Mutter bastelte nicht, das hatte sie noch nie gemacht. Sie hatte auch nie mit mir und meinen Geschwistern gespielt. Immer zu viel zu tun. Das war meine Erinnerung. Aber stimmte sie? Mein Blick auf meine Eltern hat sich verändert, seitdem ich selber Kinder habe.

Während ich darüber nachdachte, krabbelte meine Mutter auf allen vieren auf dem Boden herum und ließ meinen Sohn auf ihrem Rücken reiten. Sie sagt, sie findet es einfacher, Oma als Mutter zu sein. Vielleicht stimmt das. Eine zweite Chance.

Chaos am Morgen

Es ist altmodisch, aber ich mag Pünktlichkeit. Vielleicht hängt es mit dem Beruf zusammen. Tageszeitungsjournalisten müssen Deadlines einhalten. Es geht zwar nicht um Leben und Tod, meistens jedenfalls, aber um 18 Uhr ist Andruck.

Neuerdings scheitere ich schon an der ersten Deadline des Tages. Um 8.50 Uhr muss das große Kind in der Kita sein, damit ich pünktlich im Büro sitze. Es ist schwieriger als gedacht, das Haus morgens zu verlassen, vor allem, wenn das Kind dabei angezogen sein soll.

Ob wir früher oder später aufstehen, es endet immer damit, dass wir hetzen. Mein Sohn sitzt am Frühstückstisch, ich stelle ihm die blaue Müslischale hin, aber die ist falsch, blau war gestern, also in einem anderen Leben, heute ist rot. Müsli oder Porridge? Müsli, sagt mein Sohn. Ich schütte Müsli ein, Milch dazu, dann bereite ich den Brei für das Baby zu. Während ich das Baby füttere, wird im Radio die Morgenkolumne angekündigt. So spät schon? Das große Kind starrt auf die Schale, als enthielte sie Gift. »Ich möchte kein Müsli, ich möchte Porridge«, kräht er. Meine Oma hätte gesagt, dass gegessen wird, was auf den Tisch kommt. Sie hat im Krieg hungern müssen, wie oft habe ich das von ihr gehört. Der Krieg ist vorbei, ich koche

Porridge, mein Mann fängt das Baby auf, das sich aus seinem Gurt gelöst hat und einen Bungee-Sprung aus dem Hochsitz macht. Jetzt Tempo, Müslireste aufessen, Brotbüchse packen, zack, zack, ins Bad. In den Büchern, die mein Sohn anguckt, haben es immer die Väter eilig. Papa muss zur Arbeit, Mama hat Zeit. Bei uns ist es umgekehrt, das Kind ist offenbar verwirrt.

Als ich aus dem Bad komme, hat mein Sohn alle verfügbaren Decken und Kissen in sein Zimmer geschleppt und versteckt sich. Mama hat es eilig, rufe ich, meine Stimme bekommt diesen schrillen Ton, den ich von meiner Mutter kenne. Er weiß noch nicht, wie die Zeit vergeht. Die Zeit steht für ihn still, wir sind es, die rennen.

Mein Sohn wehrt sich gegen jedes Kleidungsstück. Wenn es nach ihm ginge, würde er jeden Tag in Sandalen und Shorts rausgehen. Wahrscheinlich kommen die englischen Gene bei ihm durch, auf der Insel rennen sie in der Kälte halb nackt herum. Schließlich hat er einen Pullover an, den mit den Rittern, nicht den mit den Streifen, auch eine Hose und sogar Socken. Fehlt der Winteranzug. Das Kind schreit und strampelt. No, no, no.

Dem Ausmaß seines Wutanfalls nach zu urteilen, ist mein Sohn kurz davor, eine Anti-Schneeanzug-Petition bei den Vereinten Nationen einzureichen. Die Kleine sitzt auf dem Boden und zieht sich den Pullover ihres Bruders über den Kopf. Wenn das so weitergeht, kann sie sich bald schneller anziehen als ihr älterer Bruder. Er steht inzwischen in der Tür, fast geschafft, da fällt ihm noch was ein. Wo ist der grüne Traktor? Es ist nach halb neun, Minuten vergehen. Mein Mann macht den Fehler, dem Kind einen gelben

Traktor zu geben, weil der grüne unauffindbar ist. Nächster Wutanfall. Hastig aufs Rad, Fahrradhelm vergessen, runter vom Rad, Treppe hoch, Treppe runter, mit dem maulenden Kind am Arm. Ein Müllauto kommt vorbei, alle Dramen sind vergessen. Letzte Hürde: Kitagarderobe. Mein Sohn sitzt angezogen auf der Bank, guckt nach links, nach rechts. Mir steht der Schweiß auf der Stirn.

Kurz nach neun sitze ich in der U-Bahn, der stressigste Teil des Tages ist vorbei.

Mein Sohn, der Feminist

Die meisten Paare lassen sich heute schon während der Schwangerschaft sagen, welches Geschlecht ihr Baby haben wird. Das hat Auswirkungen. Soziologen haben festgestellt, dass eine Schwangere die Kindsbewegungen anders beschreibt, sobald sie weiß, was es wird. Die Tritte von Jungs sind dann eher »kräftig« und »energisch«. Auch die Umgebung reagiert anders. Wer einen Jungen erwartet, dem wird eher gratuliert. Worte wie »Stammhalter« fallen. Auf Babymädchen reagieren die Menschen anders, weicher. »Oh, wie süß«, sagen sie. »Ich wünsche Ihnen ein Mädchen«, sagte unser türkischer Nachbar, als ich das erste Mal schwanger war: »Töchter sind besser, sie kümmern sich später im Alter um ihre Eltern.«

Als unser Sohn geboren wurde, nahmen wir uns vor, ihm nichts zu kaufen, was typisch Junge war. Wir wollten ihn frei von Rollenerwartungen erziehen. »Jungs weinen nicht«, sagte man, als ich Kind war. Es sind diese Klischees, bei denen die Ungleichheit anfängt, oft unbewusst, die sich später fortsetzt und dazu führt, dass Frauen schlechter bezahlte Jobs ergreifen, weniger verdienen, weniger Chefposten besetzen, öfter Opfer von Gewalt werden. Wenn man die gesellschaftlichen Verhältnisse ändern will, muss man bei der Erziehung von Jungs anfangen.

Er bekam keinen blauen LKW-Strampler, sondern einen grünen und gelben mit Streifen. Zum ersten Geburtstag schenkten wir ihm ein Xylofon. Zum zweiten Geburtstag bekam er eine Küche. Die Reaktion von Bekannten, das sei doch was für Mädchen, bestärkte uns. Wenn man ein Kind ohne die üblichen Stereotype und Klischees erziehen will, muss man bei der Warenwelt anfangen. Den Dingen, die einen umgeben. Dann wurde er drei, und ich zweifelte, wie erfolgreich wir waren. Sein Zimmer war vollgestopft mit Autos, Kränen und Garagen. Er hat auch mal eine Puppe bekommen und einen Teddy, aber beides lag unberührt im Regal. Mit der Küche spielte seine kleine Schwester. Kürzlich durfte er sich zwei Pullover selber aussuchen: er wählte als Motiv Ritter und Bagger.

Sollte ich ihm eine rosa Zahnbürste kaufen oder ihn zum Ballett anmelden? Oder war es schon zu spät? Wird er ein kleiner Macho? Eine Studie der Harvard Business School hat herausgefunden, dass Männer, deren Mütter berufstätig waren, eher gleichberechtigte Vorstellungen haben. Bei uns kocht Papa und macht die Wäsche, Mama macht die Steuer. Wir arbeiten beide. Vielleicht gibt es noch Hoffnung.

Ich lese meinem Sohn oft Judith Kerrs Kinderbuchklassiker vom Tiger vor, der zum Tee kommt. Am Ende, als der Tiger weg ist, steht die Mutter ratlos vor den leeren Schränken und weiß nicht, was sie dem Vater zum Abend kochen soll. Schließlich kommt der Vater nach Hause, mit der rettenden Idee. Er ist der strahlende Held. Man könne doch in ein Lokal gehen, schlägt der Vater vor. An der Stelle machte mein Sohn plötzlich eine Pause und fragte: »Aber warum kommt die Mami nicht von der Arbeit?«

Neulich sagte er, er wolle später einmal Feuerwehrfrau werden. Ich sagte: »Du meinst Feuerwehrmann?« Aber er beharrte: »Nein, Feuerwehrfrau.« Ich nehme an, ich kann ihm in Sachen Gendergerechtigkeit nichts mehr beibringen.

Weit weg vom Rondo-Kaffee

In einer Facebook-Gruppe unterhielten sich die Mütter darüber, was sie den Kitaerzieherinnen ihrer Kinder schenken könnten. Ich fand das sympathisch.

Es erinnerte mich daran, wie meine Eltern früher allen möglichen Leuten, auf die sie angewiesen waren, eine Kleinigkeit zu Weihnachten überreicht hatten, dem Müllmann, der Briefträgerin, der Krankenschwester, die den Opa betreute. Ich weiß nicht, ob das damit zusammenhing, dass sie auf dem Dorf lebten und dass man das dort so machte. Oder ob es mit dem Land zusammenhing, in dem wir lebten, in dem man auf Gefälligkeiten angewiesen war. Alle bekamen ein Päckchen Bohnenkaffee der Marke »Rondo«. Ich sehe noch das silbrig-blaue Papier vor mir. Die gute Jakobs Krönung aus dem Westpaket behielt man lieber für sich. Kaffee, wird oft vergessen, war damals ein Luxusprodukt. Zu den Vorteilen der Wiedervereinigung gehört, dass sich die Versorgung mit Kaffee immens verbessert hat. Mit einem Päckchen Kaffee würde man heute die Erzieherinnen allerdings nicht mehr beeindrucken. Also, was schenkt man?

Alkohol ist schwierig, Schokolade auch. Man will ja nichts falsch machen, niemandem zu nahe treten. Es gibt immer mehr sogenannte zuckerfreie Kitas, das heißt, es

wird dort kein Kuchen oder Schokopudding zum Nachtisch ausgegeben. Und wenn ein Kind Geburtstag hat, sollen die Eltern keine Torte, sondern Obstsalat oder Möhren-
schnitze mitbringen. Auch die Weihnachtskalender, die man
dem Nachwuchs nach Feierabend selbst gebastelt hat, werden höchstens mit ein paar verschrumpelten Rosinen gefüllt. Zucker ist für die Mittelschicht das neue Heroin und
der Weihnachtsmann so gefährlich wie ein Dealer.

In der Facebook-Gruppe wurden verschiedene Geschenke
diskutiert. Eine Mutter schlug einen Gutschein für einen
Restaurant-Besuch oder eine Massage in einem speziellen
Salon vor. Eine andere empfahl ein Wochenende in einem
Wellness-Hotel in Brandenburg. Eine weitere schlug ein besonderes Sanddorn-Öl vor, das man nur online bestellen
konnte. Die vierte meinte, der Wert des Geschenks solle
fünfzig Euro pro Person nicht überschreiten. Was denn
noch? Karten für die Opern-Premiere? Den ersten Flug von
dem neuen Hauptstadtflughafen? Das war alles weit weg
vom Rondo-Kaffee. Ich stellte mir vor, wie wir dem Erzieher unseres Sohnes, einem bärtigen und tätowierten Mön-
chengladbach-Fan, einen Massage-Gutschein überreichten.
Das war so, als ob man Deo verschenkt, zu viel, zu nah.

Eigentlich sollten Erzieherinnen die Eltern ja entlasten,
sie sollten dafür sorgen, dass man sich weniger Gedanken
machen muss, mehr auf die Arbeit konzentrieren kann. In
der seltsamen Dialektik des modernen Kapitalismus führt
das Wenigermachen aber oft zu Mehr. Obwohl alle dauernd betonen, dass es im Leben darauf ankommt, das Un-
perfekte zu akzeptieren, Einfachheit zu schätzen, wird alles
komplizierter.

Als wir vor wenigen Monaten in eine neue Kita wechselten, hat sich die neue Leiterin fast dafür entschuldigt, dass in ihrer Einrichtung Zucker erlaubt ist. Zum Nikolaus bekamen die Kinder einen kleinen Weihnachtsmann. Und in dem Glühwein, der beim Weihnachtsfest ausgeschenkt wurde, war Alkohol drin. Es mag etwas altmodisch dort sein, aber ich weiß schon, was die Erzieher von uns bekommen.

Wirkungen und Nebenwirkungen

Seitdem ich Mutter bin, kann ich keine Krimis mehr angucken, in denen ein Kind verschwindet oder misshandelt
wird. Ein preisgekrönter, sensibel gespielter Film über Kindesmissbrauch? Ohne mich. Die letzte Staffel der Fantasy-
Serie »Game of Thrones« habe ich überwiegend hinter
einem Kissen verbracht. Zu brutal. Ich bin ein Weichei geworden, seitdem ich Kinder habe. Ein produktives Weichei.

Früher habe ich in der Wohnung dauernd Sachen liegen
lassen, ich fand nichts dabei, noch im Sommer die Weih-
nachtsgeschichte von Alexander Osang in einem Stapel zu
finden, den Gang zum Altglas-Container schob ich ewig
raus. Heute bewege ich mich durch die Wohnung wie ein
zweibeiniger Bagger, ich greife dauernd etwas auf, runterge-
fallene Stifte, Bücher, Lego-Steine. Man trifft mich regelmäßig am Altglas-Container. Man erkennt mich nicht sofort.
Ich trage Pferdeschwanz, Jeans, Turnschuhe, Rucksack. Es
ist der Look, den alle Mütter tragen, selbst die in Berlin-
Mitte (da nur mit teureren Jeans).

Manch einer geht durch die Stadt wie ein Handwerker, er
sieht dauernd, wo besonders akkurat oder schlampig gearbeitet wurde, eine andere geht durch die Stadt wie eine Kos-
metikerin und sieht überall Mitesser und ungepflegte Nägel.
Ich nehme alles wie ein dreijähriges Kind wahr. Ich entdecke

Müllautos, Kräne und Eisläden. Oben in der Brust krampft sich was zusammen, wenn ich irgendwo in der Bahn oder im Geschäft ein Baby weinen höre. Ich muss mich jedes Mal zusammenreißen, dass ich nicht sofort hinrenne, es aus dem Wagen nehme und tröste. Hört das irgendwann mal auf?

Seitdem ich Kinder habe, versuche ich, netter zu sein. Ich lächle viel, ich lächele selbst die Kampf-Omis an, die sich vor mir in den Fahrstuhl quetschen, wenn ich mit dem Kinderwagen unterwegs bin. Besonders wenn man mit einem Kinderwagen die U-Bahn verlassen will, werden viele unruhig, sie schubsen und drängeln, bloß um vorher aus dem Wagen zu kommen. Sie rennen zum Fahrstuhl, als wären sie auf der Flucht. Es ist bestimmt Zufall, aber ich habe am häufigsten dieses Verhalten bei älteren Frauen beobachtet. Wahrscheinlich rennen sie weg, weil sich ihre Herzen noch immer beim Babyweinen zusammenkrampfen und weil sie das nicht ertragen. Ich winke den Kampf-Omis freundlich zu, während sie im leeren Fahrstuhl panisch auf den »Tür schließt«-Knopf drücken, um ohne den Kinderwagen nach oben zu fahren. Einmal, am Bahnhof Kottbusser Tor, nicht nur wegen seiner musealen Fahrstühle berüchtigt, zwängte sich eine türkische Omi am Kinderwagen vorbei in den Lift, der damit voll war. Ich sprang beiseite und wünschte allen eine gute Fahrt. Man muss verständnisvoll sein, so als Mutter.

Ich vermisse es, abends mit meinem Mann ins Kino gehen zu können, ohne an einen Babysitter denken zu müssen. Die Zeit am Wochenende, in der man in einem Buch versinken konnte. Früher schlief ich am Wochenende oft bis um elf. Jetzt habe ich um elf den Geschirrspüler aus- und

wieder eingeräumt, Frühstück gemacht, Frühstück gegessen, den Tisch abgeräumt, die Waschmaschine angestellt,
den Wocheneinkauf erledigt, einen Kuchen gebacken, einen
Eintopf gekocht, mehrere kindliche Wutanfälle reguliert sowie eine Bude aus Stühlen und Decken gebaut. Ich bin so
effizient geworden. Wäre ich zehn Jahre früher Mutter geworden, hätte ich zehn Bücher mehr schreiben können.

Cornflake Girl und das Berliner Modell

Im Bezirksamt Pankow hatten sie uns gratuliert, weil wir solch ein Glück hatten. Wir waren auch froh, dass wir einen Kitaplatz ergattert hatten. Es war im Februar, das Baby war eins geworden, bald würde es losgehen. Bei der Vertragsunterzeichnung drückte uns die Kitaleiterin einen Flyer in die Hand. »Elternbrief zur Eingewöhnung« stand darauf. »Ihr Kind erlebt durch die Aufnahme in die Kindertagesstätte eine gravierende Veränderung seines bisher gewohnten Tagesablaufs«, lasen wir. Das klang beeindruckend. Die Trennung sollte laut »Berliner Modell« nicht abrupt stattfinden, sondern in drei Phasen, in denen das Kind langsam eine Beziehung zur sogenannten Bezugserzieherin aufbaut. Etwa vier Wochen solle man einplanen. Vier Wochen? So lang?

Die Kleine kannte das Haus schon, sie war jeden Nachmittag dabei, wenn ihr Bruder abgeholt wurde. Sie war eine heitere Einjährige, die freudig in die Hände klatschte, wenn ihr Bruder ein Liedchen anstimmte. Wir nannten sie Cornflake Girl, nach ihrer Leibspeise. Das Cornflake Girl würde die Kita lieben, dachten wir. Mein Mann war noch in Elternzeit, er würde die Eingewöhnung machen, optimistisch zog er los.

Sechs Wochen später hatte sich einiges getan. Der Mann

kannte die Namen sämtlicher Kinder in der Gruppe. Er hatte den Wiedereinstieg bei seiner Arbeit verschoben und den Besuch mehrerer nächtlicher Rockkonzerte abgesagt. Dauer der Trennung zwischen Papa und Tochter: Dreißig Minuten. Cornflake Girl liebte die Kita nicht. Nach vier Wochen hatte die Erzieherin, die eine Beziehung zu ihr entwickeln sollte, die Beziehung vorerst beendet und einen längeren Urlaub begonnen. Ein neuer Erzieher kam, und alles begann wieder von vorn. Wenn es in diesem Tempo weiterging, würde mein Mann vielleicht im nächsten Jahr wieder arbeiten. Aber warum sollte etwas, das Berliner Modell heißt, auch schnell gehen?

Als ich davon erzählte, hörte ich unzählige Geschichten von Turbo-Eingewöhnungen. Bei uns hat es eine Woche gedauert! Drei Tage! Einen Tag, total easy!

Meine Tochter war offenbar ein schwerer Fall. Sie wollte nur auf dem Schoß ihres Papas sitzen, sobald sich der neue Erzieher näherte, schrie sie und lief rot an. Ginge es schneller, wenn wir ihr eine Tüte Cornflakes mitgeben? Ich wurde nervös. Mein Mann war geduldiger, er sagte, es dauert halt so lange, wie es dauert. Er ist Brite, zeigt aber seit dem Brexit eine seltsame Kritiklosigkeit an Berliner Zuständen.

In England werden die kleinen Kinder am ersten Tag in der »nursery«, der Krippe, abgegeben, und sechs oder acht Stunden später kommt Mummy und holt sie ab. Das ist dann die Eingewöhnung. Manchmal weinen die Kleinen den ganzen Tag. Und teuer ist die Betreuung dazu. Rund eintausend Euro zahlt man im Monat in London für einen Platz.

In dieser Woche blieb das Cornflake Girl zum ersten Mal

bis zum Mittag. Drei Stunden. Mein Mann übergab sie ihrem Erzieher, anfangs schimpfte sie, aber als er an der Tür war, hörte er nichts mehr. Zu Hause behielt er sein Telefon im Auge, falls die Kita anrief. Doch die Kita rief nicht an. Und als er gegen zwölf die Gruppenräume betrat, kam ihm der Erzieher entgegen, mit dem Baby auf dem Arm. Sie hatte offenbar den Vormittag nicht geweint und zwei Teller Mittag gegessen. Es war nicht ganz klar, wer glücklicher darüber war, der junge Erzieher oder Cornflake Girl. Acht Wochen hatten sich offenbar gelohnt. Jetzt muss sie nur noch in der Kita schlafen. Das ist dann Phase drei.

Der Gott des Gemetzels

Immer, wenn ich das Gefühl habe, ich müsste mal wieder ausgehen, gehe ich auf diesen einen Spielplatz in Mitte, auf dem die Mütter Glitzerkleider und volles Make-up tragen, manchmal spielt eine Jazz-Band. Gelegentlich sieht man berühmte Schauspielerinnen, die im Sand neben ihren Kleinkindern hocken und so tun, als würden sie eine Burg bauen, in Wahrheit aber die Umgebung scannen, um zu sehen, ob jemand guckt. Bevor ich dort hingehe, ziehe ich mir was Ordentliches an und lege etwas Lippenstift auf.

Und es ist ja auch okay, sich schick zu machen. Man weiß ja nie, ob man wieder in der *New York Times* landet, die gerne Lobeshymnen auf Berliner Spielplätze verfasst. Die Amerikanerin Sara Zaske hat ein ganzes Buch über Berliner Eltern verfasst, in dem es auch um Spielplätze geht. Sie schreibt, dass alle hier so wahnsinnig entspannt seien, was man ja gern hört, weil einem ja sonst immer die französischen Eltern vorgehalten werden, die alles, was mit Kindern zu tun hat, irgendwie stilvoller hinkriegen. Aber sind die Berliner Eltern wirklich so entspannt? Oder war die Amerikanerin nur verblüfft, weil nicht alle im Stechschritt herumrennen und alle zwei Sekunden »Achtung« brüllen?

Ich habe in den vergangenen drei Jahren sehr viel Zeit auf Spielplätzen verbracht, ich bin also so etwas wie eine

Expertin geworden. Ich habe beobachtet, dass es verschiedene Typen gibt. Es gibt zum Beispiel den des übereifrigen Vaters, der seine Abwesenheit unter der Woche durch besonders große Aktivität an den Spielgeräten kompensiert. Er klettert auf die Kletterspinne, auf die Rutsche, er steht auf dem Karussell, immer mit sehr viel »Suuuper«, so dass alle auch mitbekommen, wie sehr er die Zeit mit seinem Kind genießt. Ein anderer Vater-Typ ist der Personal Trainer, der seinen Sohn (manchmal auch die Tochter) anfeuert, als befände man sich auf dem Olympia-Trainingsplatz. »Come on, du schaffst es«, ruft er dem Kind zu, das sich nicht traut, die Babyrutsche runterzurutschen. Fasziniert beobachte ich auch die Eltern, die jeden Schritt ihres Nachwuchses filmen, als handelte es sich um die Krönung der britischen Queen. Das Kind rutscht, das Kind schaukelt, das Kind buddelt im Sand. Holy Lord! Wer guckt sich dieses Material je an? Es gibt natürlich auch entspannte Mütter und Väter, die total vertieft auf ihre Smartphone-Bildschirme starren, während ihr Kind gerade vom Klettergerüst fällt oder eine Handvoll Sand verputzt.

Einer der großen Aufreger ist der Umgang mit Spielzeug. Auf dem Spielplatz in Mitte haben alle die Namen auf ihre Schippen geschrieben. Die Mütter passen höllisch auf, dass niemand die Schippe von Klein-Friedrich benutzt. In Prenzlauer Berg hingegen herrscht eine Art Spielplatz-Kommunismus, da schnappen sich alle, was gerade rumliegt, und wenn man nicht aufpasst, sieht man den Kipper nie wieder. Einmal, das war in Kreuzberg, stritten sich zwei Väter auf einem Spielplatz. Einer griff den anderen am Kragen. »Lass mich los, sonst bekommst du es mit meinem Anwalt zu tun«, rief der eine. »Ich habe auch einen Anwalt«, rief der andere. Es ging darum, dass der eine Junge den anderen nicht rutschen ließ. Die Kinder, vielleicht drei oder vier, standen etwas peinlich berührt daneben. Ich fühlte mich wie in »Der Gott des Gemetzels«, diesem Roman-Polanski-Film mit Kate Winslet und Jodie Foster, in dem sich zwei Elternpaare gegenseitig fertigmachten. Man müsste viel mehr Filme auf Spielplätzen drehen.

Einer schreit immer

Soll ich ein zweites Kind bekommen, fragte mich eine Freundin, die eine drei Jahre alte Tochter hat. Das ist so eine Frage, bei der man anderen schwer einen Rat geben kann. Aber offenbar war ich Expertin. Wenn man sich die Zahlen anschaut, wachsen 57 Prozent der Kinder in Berlin ohne Geschwister auf. Die Berliner scheinen sich also statistisch gesehen eher gegen ein zweites Kind zu entscheiden, aus welchen Gründen auch immer.

Als ich mein zweites Kind erwartete, war ich sehr glücklich. Aber bald kam ich mir ein bisschen komisch vor. Alle um mich herum redeten mir ein, dass ich mich nicht zu sehr freuen sollte. Die Hebamme gab mir ein Buch, in dem stand, dass die Ankunft eines Geschwisterchens den Erstgeborenen in eine existenzielle Krise stürzen werde. Der Prinz werde vom Thron gestoßen, hieß es darin. Ich schaute auf meinen Sohn, damals zwei Jahre alt, der offenbar ein geheimes Leben führte. Seit wann gehörte er zur Königsfamilie? Die Frauenärztin warnte, ich solle nicht davon ausgehen, dass die Geschwister sich später mögen. Sie zum Beispiel könne ihren Bruder nicht ausstehen. Eine Freundin fragte, ob wir uns zwei Kinder leisten können. »Denk an die Kosten für den Schüleraustausch in China und die Studiengebühren für Oxford«, sagte sie.

Ich dachte daran, dass ich zum Schüleraustausch nicht in Amerika war, sondern in Saarlouis. Wenn das so weitergeht mit der deutsch-deutschen Einheit, werde ich meine Kinder vielleicht später auch nach Saarlouis schicken. Oder nach Rosenheim.

Als das Baby kam, wurde der große Bruder vor Schreck erst mal krank. Aber er liebte seine Schwester vom ersten Tag an. Wenn sie weinte, brachte er ihr Spielzeug. Als sie sechs Monate alt war, sagte er: »Sie soll in den Mülleimer.« Das war wahrscheinlich nett gemeint. Viele Kinder spielen gern mit Müll.

Was soll ich meiner Freundin sagen? Sie soll nicht denken, dass das Leben mit kleinen Kindern leicht ist. Wenn man nach Hause kommt, schleppt man ein Baby, einen Rucksack voller Einkäufe und womöglich noch ein tobendes Kleinkind mit sich hinauf in den vierten Stock. Man braucht vieles doppelt, Windeln, Trinkflaschen, Kindersitze. Beim Essen schreit immer einer. Wenn der eine schläft, ist der andere wach.

Während man sich als Paar bei einem Kind noch streitet, wer kümmert sich, wer ruht sich aus, ruht sich bei zweien keiner mehr aus – und keiner kann mehr auf den anderen neidisch sein. Ein zweites Kind kann eine Beziehung demokratisieren. Man ist entspannter und springt nicht bei jedem Pieps, den das Kind macht, auf. Vielleicht ist man auch einfach müder.

Inzwischen spielen unsere Kinder, drei und eins, miteinander, manchmal sogar länger als zehn Sekunden. Niemand bringt die Kleine so sehr zum Lachen wie ihr großer Bruder. Er zieht Grimassen, und dann lacht sie sich kaputt, und dann lachen beide. Es ist ein Lachen, das süchtig macht, von dem man immer mehr will. Gebe es dieses Lachen als Droge im Görlitzer Park zu kaufen, die Dealer würden Überstunden machen.

Vielleicht werde ich das alles meiner Freundin sagen auf ihre Frage, ob sie ein zweites Kind bekommen soll.

Großstadtflucht als Falle

Neulich las ich im SZ-Magazin eine Kolumne, in der die Autorin vom Landleben schwärmte. Burn-out, Nackenschmerzen, Kriminalität, das komme alles vom Großstadtleben, behauptete sie. Sie sei selber aufs Land gezogen, es gehe ihr nun viel besser. Sie schwärmte vom Himmel, den Sternen und vom Indianer in ihr, der Erde unter den Füßen brauche. Erde unter den Füßen? Ich wusste nicht, ob ich lachen oder weinen sollte. Ich habe meine Kindheit auf dem Dorf verbracht. Wir hatten lange keine Zentralheizung, keine Waschmaschine und kein warmes Wasser. Wenn ich aufs Klo wollte, ging ich raus aufs Häuschen. Heute würde man dazu wohl Bio-Toilette sagen. Bei uns hieß das Plumpsklo.

Großstädter idealisieren oft, wie Menschen und Tiere im Dorf beieinander leben, in meinem Fall sah das so aus, dass ich mit heruntergelassener Hose auf dem Klo auf einem Brett im Dunkeln saß und nervös auf den Erdboden starrte und ihn absuchte, nach etwas, was da nicht hingehörte. Ich sang laut, um die Ratten und Mäuse abzuschrecken. Manchmal liefen sie trotzdem vorbei. Ich mochte keine Ratten und Mäuse. Ich brauchte auch keine Erde unter den Füßen, ein Linoleumboden wäre völlig ausreichend, und von Indianern las ich am liebsten bei Karl May.

Meine Eltern leben noch heute auf dem Land. Sicher ist vieles komfortabler geworden. Dafür gibt es andere Probleme. Früher gab es mal einen Konsum, eine Kneipe, eine Post, einen Bahnhof und Bus. Kürzlich hat der letzte Laden zugemacht. Der Bus fährt zwei Mal am Tag. Es gibt eine Ärztin im Dorf, allerdings ist sie Anfang 70 und hat ungefähr zweitausend Patienten. Ich bleibe skeptisch, wenn man mir von den Vorteilen des Landlebens vorschwärmt, von der Reinheit, der Ursprünglichkeit, der Idylle. Für Frauen ist das Landleben oft eine Falle. Vor einiger Zeit sind Bekannte von uns rausgezogen. Sie schwärmte vom Blick aufs Feld, den man vom Fenster aus habe. Sie schickte viele Fotos von dem Löwenzahn, der im Garten hinter dem Haus wuchs, als handelte es sich um die Entdeckung einer seltenen Art. Es stellte sich heraus, dass sie in ein Reihenhaus des Vorortes eines Vorortes einer westdeutschen Großstadt gezogen sind. Wenn man etwas einkaufen oder zum Arzt will, muss man mit dem Bus fahren. Nicht einmal einen Bäcker gibt es in Laufnähe.

Man könnte mit dem Auto fahren, aber sie haben nur ein Auto, und mit dem fährt er. Er hat schnell einen Job gefunden, in der Großstadt, er pendelt nun jeden Tag eineinhalb Stunden ins Büro. Er kommt unter Leute, manchmal geht er nach der Arbeit mit Kollegen was trinken. Die Frau ist zu Hause, ohne Freunde, ohne Kontakte, sie würde nach der Babypause gern wieder arbeiten. Aber die Kita auf dem Land kostet Gebühren, für zwei kleine Kinder wäre die Betreuung zu teuer, sagen sie. Außerdem schließt die Kita um 14 Uhr, so ist das dort. Die Frau sitzt fest.

Ihr wöchentliches Highlight ist ihr Ausflug zu Kaufland. Was soll sie tun, solange ein Kind noch zu Hause ist? Und würde nicht ihr Verdienst sofort für die Kitagebühren draufgehen? Sie sagt, sie bastelt gern. Vielleicht könnte sie selbst gemachte Makramee-Blumenampeln online verkaufen? Ihre Welt wird kleiner, sie meldet sich weniger. Und wenn sie schreibt, geht es nicht um den Himmel und die Sterne. Ob es wohl eine gute Idee war, aufs Land zu ziehen?

Netflix ist Date Night

Neulich sah ich im Laden ein Buch des bekannten dänischen Familientherapeuten Jesper Juul. »Liebende bleiben. Familie braucht Eltern, die mehr an sich denken«, lautete der Titel. Darauf sah man ein Paar, das sich so küsst, als ob sie sich grad mal zwei Wochen kennen würden. Ich sah das Bild und spürte einen Stich. Man dürfe sich nicht als Paar vernachlässigen, das sei wichtig für die Entwicklung der Kinder, stand sinngemäß im Klappentext.

Mein Gehirn ratterte. Meine Eltern haben sich nie vor uns geküsst. Welche Folgen hatte das wohl? Mehr küssen, schrieb ich mir auf meine innere Erledigungsliste. Als ich schwanger war, hatte mich die Hebamme als Erstes gefragt, wie lange ich mit meinem Mann zusammen sei. Wenn Frauen über 35 schwanger werden, so ihre Beobachtung, stecken sie oft in frischen Beziehungen. Ist das Baby da, geht das Paar auseinander, weil die Belastung zu groß ist. Mein Mann und ich kannten uns gut, versicherte ich ihr. Die Hebamme nickte und zitierte Studien, die belegen, dass ein Baby ein Paar nicht glücklicher macht, zumindest in den ersten Jahren.

Ich hörte zu, schaute auf meinen Bauch, dem man noch nichts ansah. Was sollte ich jetzt machen? Ich setzte meine Erwartungen niedrig an, ich ging davon aus, dass man in den ersten Jahren nach der Geburt eines Kindes die Beziehung auch mal schleifen lassen kann. Aber ich lag offenbar falsch. Auch die Beziehung muss ständig optimiert werden, zumindest wenn man den Experten wie Juul glaubt.

Ich sollte mehr an meinen Mann denken, sagt Buchautor Jesper Juul. Wir haben zwei Kinder, eineinhalb Jobs, keine Oma, die mal einspringt. Unsere Tage sind gut organisiert. Wann gibt es eine Lücke? Ich ging den Tag durch. Morgens frühstücken wir, der eine macht das Baby fertig und beaufsichtigt das Kleinkind beim Selber-Anziehen, der andere schmiert Stullen für die Vesperbüchsen. Über die Geräuschkulisse hinweg werfen wir uns kurze, knappe Anweisungen zu, ohne uns dabei anzuschauen.

Abends komme ich heim, die Kinder sind müde und quengeln, der Mann ist genervt. Ich habe ein schlechtes Gewissen, weil ich so lange im Büro war. Ich will die Stimmung aufheitern und frage, was es zu essen gibt. Eine Weile sind aus der Küche nur englische Schimpfworte zu hören. Wenn es schlecht läuft, streiten wir uns, wer zu Hause mehr macht. Opferkonkurrenz, heißt das im Psycho-Deutsch. Wenn es nach den Ratgeberbüchern ginge, müsste alles ganz anders laufen. Statt einander Vorwürfe zu machen, sollte ich sagen: »Wie schön, dass du mit unseren Kindern Quality Time auf dem Spielplatz verbracht hast! Wie kann ich dir jetzt helfen, damit du dich besser fühlst?«

Wenn ich das lese, frage ich mich, ob wirklich jemand so redet. So wie ein Achtsamkeits-Roboter? Darf man nicht wenigstens innerhalb der Familie mal die Nerven verlieren? So ein bisschen?

Manchmal, wenn ich auf Facebook gucke, habe ich den

Eindruck, dass andere Paare mit Babys das besser hinkriegen. Sie schaffen es, Babysitter zu organisieren, rauszuge-
hen. Sie posten Selfies mit Partner, vor sich einen Cocktail.
Date Night, schreiben sie dazu. Wir haben ein Netflix-Abo
und ein Sofa. Das ist unsere Date Night. Wenn wir in zehn
Jahren zurückschauen, werden wir vielleicht sagen, dass
Netflix unsere Beziehung gerettet hat.

Ein Denkmal

Der Urlaub begann am Denkmal für die Unordentlichkeit des Lebens, am Flughafen Schönefeld. Wir reisten zweieinhalb Stunden vor Abflug an. Mit den Kindern, dem Kinderwagen, dem Koffer und dem Rucksack stellten wir uns in die lange Schlange zum Check-in einer Fluggesellschaft, die einmal als Billigflieger bekannt war.

Danach schoben wir Gepäck und Kinder in die nächste Schlange, zur Sicherheitskontrolle. Als wir fast dran waren, tauchte ein Mann in Uniform auf und sagte: »Hier bitte nicht.« Wer mit Kinderwagen reist, muss Terminal A benutzen, erfuhren wir. Terminal A befand sich auf der anderen Seite im Obergeschoss. Treppe hoch, Treppe runter, um die Ecke, noch mal Treppe hoch. Es war, als laufe man durch ein Mikado-Spiel. Aber natürlich ist der Flughafen Schönefeld viel stabiler.

Dann reihten wir uns in die Schlange am Terminal A ein, die viel länger war als die, in der wir zuvor gestanden hatten. Nichts bewegte sich, nur die Daumen der Wartenden an ihren Handybildschirmen. Das Baby krakeelte, um alle daran teilhaben zu lassen, wie gut ihm das Herumstehen in der Hitze gefiel. Da eilte plötzlich ein weiterer Mann in Uniform herbei, zog uns aus der Schlange und wies uns an die Spitze. Wir lassen künftig das Baby alle Verhandlungen führen, Termine beim Bürgeramt organisieren, Handy-Verträge kündigen und Zeitungskonferenzen besuchen.

Am Scanner wurden wir erneut angehalten. Eine Frau in Uniform lief mit dem Breigläschen davon, um einen Sicherheitstest zu machen, wie sie sagte. Was für ein Test das war, erfuhren wir nicht. Man weiß nie, welche Gefahren in »Bambini Rigatoni« stecken. Die Nudeln kamen wieder, wir waren durch. Fast. Jetzt waren fast eineinhalb Stunden vergangen, bald würde das Gate öffnen. An der Anzeigetafel erfuhren wir, dass der Flieger eineinhalb Stunden Verspätung hatte. Wir schauten uns um.

Sitzen ist das neue Rauchen, also gab es im Wartebereich kaum Bänke, also keine Gelegenheit, den Rücken krumm zu buckeln. Viele Reisende lagen auf dem Boden, um sich herum ihre Habseligkeiten verteilt. Wie schnell der Mensch heimisch wird, ganz ohne Ministerium. Wir fanden einen Stillraum, in dem man auch duschen konnte. Wir wollten nicht stillen, wir wollten auch nicht duschen, also blieben wir. Es gab kein Fenster, keinen Luftzug, keine Geräusche. Mein Mann und ich waren im Kalten Krieg aufgewachsen, er im Westen, ich im Osten, und jetzt saßen wir gemeinsam im Atombunker in Schönefeld. Wenn das kein Fortschritt war.

Die Kinder genossen die Zeit, sie bespritzten sich mit Wasser, kratzten die Tapete ab und aßen Kekse. Nach einer Weile fiel uns ein, dass wir eigentlich verreisen wollten. Die Nummer des Gates blinkte inzwischen auf der Tafel. Wir schoben Kinder und Gepäck in einen neuen Raum, der kleiner als der Stillraum, dafür aber wesentlich voller war. Eine Toilette gab es nicht, der Snack-Automat war leer.

Die größeren Kinder starrten auf ihre Handys, die kleineren rannten umher. Ein paar Damen sagten, »na, na, na« und »uuuuuh-uuuuh«, wenn ihnen ein Kind zu nahe kam. Damit wollten sie zeigen, wie sehr sie Kinder mochten.

Auf dem Rückweg flogen wir von einem italienischen Flughafen. Es gab dort helle, luftige Restaurants, Cafés, große und kleine Geschäfte, überall Sitzplätze und ein großes Aquarium für die Kinder zum Gucken. Viel zu perfekt. Was man halt so auf Regionalflughäfen findet. Das kann man jetzt wirklich nicht mit Berlin vergleichen.

Spiderman fährt Fahrrad

Kürzlich hat mein Sohn Radfahren gelernt. Er hatte sich das Fahrrad zu Weihnachten gewünscht. »Ein rotes, Mami!« Es war das kleinste Modell, das es auf dem Markt gab, aber es war trotzdem zu groß. Seine Füße baumelten in der Luft. Das Rad kam in den Keller. An einem sonnigen Sonntagmorgen im Frühsommer holten wir es raus, mein Sohn setzte sich auf den Sattel, seine Beine waren lang genug. Er brauchte ein paar Anläufe, und dann klappte es. Er hielt den Lenker fest, er trat in die Pedale und auf einmal fuhr er los. Ich war stolz. Ich sah in seinen Augen eine reine, klare Freude, wie man sie nur bei Kindern sieht, ohne Hintergedanken, ohne Einschränkungen, und diese Freude übertrug sich auf mich.

Aber während ich ihn beobachtete, wie er die Straße hinunterradelte, musste ich auch eine kleine Träne unterdrücken. Er war nie eines jener Kinder gewesen, die stundenlang auf der Krabbeldecke lagen und ihre Füße betrachteten. Mit sechs Monaten konnte er krabbeln, mit zehn Monaten laufen, jetzt war er drei, fast vier. Er bewegte sich von uns weg, wurde unabhängiger. Ich musste an die Fremde denken, die mich einmal auf der Straße angesprochen hatte, als ich den Wagen mit beiden Kindern schob. Die Kleine saß, der Große stand auf dem Buggyboard, wahrscheinlich gab es Streit, und ich hatte genervt geguckt. »Die Zeit vergeht so schnell«, rief mir die alte Frau zu. »Man passt nicht auf, und plötzlich sind sie fünfzig!« Die Fremde schrie fast, wie um die Dringlichkeit ihrer Botschaft deutlich zu machen. Ich blickte auf meinen Sohn. Es lag jenseits meiner Fantasie, ihn mir mit fünfzig vorzustellen. Selbst 15 schien mir endlos weit weg.

Ich wollte, dass mein Sohn selbstständiger wurde, aber es machte mir auch Angst, ihn nicht mehr beschützen zu können. Morgens wollten wir zusammen in die Kita fahren. Der Weg war nicht weit, aber wir mussten zwei große Straßen überqueren. Würde er an der Ampel anhalten? Und noch viel wichtiger: Würde ich ihm vertrauen können? Jeder Morgen begann mit der gleichen Warnung: »An der Straße anhalten!« Alles lief gut, wenn man von Herzinfarktmomenten absah, die ich vor den Ampeln durchlitt.

Dann passierten zwei tragische Unfälle in der Stadt, zwei Kinder starben dabei. Sie waren mit ihren Rädern unterwegs gewesen. Mich machte das fertig. Seitdem die Kinder da sind, denke ich anders über das Leben, das Wetter, den Verkehr. War es zu früh, mit dem Radfahren anzufangen? War der Verkehr zu mörderisch? Was, wenn er einmal vorpreschte und einfach die Straße überquerte, ohne Ausschau nach einem Rechtsabbieger zu halten? Er war schließlich noch so klein. Mein Mann sagte: »Er hat das drauf, er weiß, dass er anhalten muss.«

Ich atmete tief durch, wir fuhren weiter jeden Morgen mit den Rädern in die Kita. Es gab Überraschungen. Manchmal fiel es fast schwerer, die Radwege als die Fahrbahnen zu überqueren, weil viele Radler so aggressiv auftraten. Einmal wurde mein Sohn fast von einem angefahren. Er hatte den Fehler gemacht, nicht schnell genug zur Seite zu fahren. Der Radler kam auf dem Radweg in hohem Tempo angesaust, als wäre er auf der Autobahn. Er machte eine Vollbremsung und schimpfte. Wir wechselten die Route. Neulich blieb mein Sohn nicht auf meiner Höhe, sondern radelte etwa fünfzig Meter vor. Als ich ihn ermahnte, sagte er: »Ach, egal, Mami.« Ist das schon die vorpubertäre Phase?

Gestohlene Zeit
Ein Nachwort

Es gibt ein Bild von mir, auf dem ich zu Hause am Schreibtisch sitze, vor mir das aufgeklappte Laptop, auf dem Schoß meine Tochter. Ich schaue konzentriert auf den Bildschirm, tippe etwas in die Tastatur, meine Tochter, die damals etwa sechs Monate alt ist, blickt direkt in die Kamera. Dieses Bild ist eine Lüge. Nichts daran stimmt. Als ich das Bild auf Facebook teilte, erhielt ich dafür viele Likes. Das Bild zeigt etwas, das viele glauben möchten: die Illusion der glücklichen Vereinbarkeit von Beruf und Baby. Mir begegnen immer wieder Leute, die glauben, dass es doch gerade mit meiner Arbeit als Autorin und Reporterin besonders leicht sein müsste, beides zu tun, Kind und Karriere. In der Vorstellung sieht mein Alltag dann so aus, dass ich ein Buch schreibe, während das Baby schläft oder eben auf dem Schoß sitzt. Ich habe noch keinen einzigen Text mit einem Kind auf dem Schoß geschrieben.

Wie Schriftsteller Beruf und Familie vereinbaren, darüber gab es im Feuilleton der Zeitung Die Welt 2014 einmal eine große Debatte. »Schreiben und Kinder sind ihrem Wesen nach unvereinbar. Niemand kann gleichzeitig schlafen und wach sein, rechnen und träumen, sich bücken und rennen«, schrieb die Autorin Julia Franck. Wenn sie schreibe, könne sie nicht mit ihren Kindern sein, und wenn sie mit ihren Kindern ist, könne sie nicht schreiben. »Dieser Zwiespalt erzeugt eine enorm hohe Spannung.« Ihre Kollegin Terézia Mora ergänzte: »Es lässt sich schwer darstellen, wie beschwerlich es ist, drei Stunden warten zu müssen, bevor man etwas, was einen förmlich zerreißt, endlich aufschreiben kann, oder abrupt damit aufhören zu müssen, um für ein Kind da zu sein.« Ich las das und hoffte insgeheim, sie hätten übertrieben. Ich war schwanger mit meinem ersten Kind, schrieb an meinem zweiten Buch. Beide Schriftstellerinnen waren anerkannt und wurden öffentlich wahrgenommen. Es konnte doch nicht so schlimm sein? Oder würde das Buch, an dem ich arbeitete, mein letztes sein?

Zum Schreiben muss man allein sein, man braucht Rückzug, man muss die Kinder vergessen. Man braucht das berühmte Zimmer für sich allein, von dem Virginia Woolf schrieb. Für manche Menschen mag das nach einem Luxusproblem klingen. Nach etwas, das man ertragen muss, wenn man sich so wichtig nimmt, dass man meint, das eigene Ausgedachte, Erlebte, Beobachtete ist es wert, aufgeschrieben zu werden.

Als Mutter ist man ständig mit der Planung und Organisation der nächsten Zukunft befasst. Es gibt weniger Raum für eigene Gedanken, also Gedanken, die über den Alltag hinausgehen. Sobald ich zu Hause bin, hängen meine Kinder, knapp vier und eineinhalb Jahre alt, an mir – und zwar nicht nur im übertragenen Sinne. Die Kleine ruft »Mama« und reckt ihre Ärmchen nach oben, der Große fuchtelt mit einem Stock und will mit mir Ritter spielen oder ein Raumschiff bauen. Es muss gegessen, abgewaschen, aufgeräumt werden. Rechnungen müssen bezahlt, Wäsche muss gefaltet werden.

Ich war schon als Kind jemand, der gern allein war, der Rückzug brauchte. Das Lesen und Schreiben gab mir die Möglichkeit dazu. Manchmal habe ich eine Idee für einen Text, an dem ich arbeite, aber ich komme nicht dazu, sie aufzuschreiben, den Faden fortzuführen, weil die Kinder mich brauchen, was mich dann verzweifeln lässt, was wiederum meinen Mann wütend macht. Das ist die neue Zerrissenheit, die Spannung, von der Julia Franck sprach.

Die Texte, die in diesem Band gesammelt sind, entstanden in gestohlener Zeit. Ich fing kurz vor der Geburt meiner Tochter Anfang 2017 zu schreiben an. Nachdem sie geboren wurde, schrieb ich weiter. Die Form, die Kolumne, war das Kind der Umstände. Ich schrieb im Bett, während meine Tochter schlief oder an meiner Brust hing, ich schrieb im Café, im Park, auf der Toilette. Ich schrieb Beobachtungen, Wahrnehmungen, Zitate, als Erstes notierte ich sie in der Notiz-App auf dem Smartphone. Manchmal schrieb ich komplette Texte auf dem Smartphone. Die Kolumnen erschienen zuerst in der Berliner Zeitung im Zeitraum zwischen Januar 2017 und September 2018.

Inzwischen geht meine Tochter auch in die Krippe. Am Wochenende, wenn die Kita geschlossen ist und die Kinder schon morgens ab sechs wach sind, schließe ich mich manchmal ins Badezimmer ein, um schnell einen Einfall oder ein paar Sätze zu notieren. Wenn ich meine Tochter abends ins Bett bringe, halte ich ihre Hand und kann trotzdem nicht aufhören, an die Texte zu denken und an die Abgabetermine. Oft sitze ich im Dunkeln und denke über Textanfänge nach, ordne Sätze im Kopf. Es ist dunkel und still. Ich höre nur gelegentlich meinen Sohn lachen, der nebenan mit meinem Mann ein Buch liest. Es ist eine fast klösterliche, meditative Arbeitsweise. Ich bin effizienter geworden, ich schreibe schneller, seitdem ich Kinder habe. Aber ich bin auch leichter abzulenken. Einen sechshundert Seiten langen Roman mit ausgedachten Personen und ausgedachten Problemen könnte ich nicht schreiben. Dazu ist das Leben selber zu aufregend, zu fordernd. Wie sagte es Christa Wolf 1961, als ihre zwei Töchter auch noch klein waren? »Die Kinder werden größer und einmal muss doch wieder Konzentration in mein Leben kommen – wenn ich sie bis dahin nicht schon verlernt habe.«